地域批評シリーズ㊿

これでいいのか島根県

まえがき

島根県は、「どこにあるかわからない都道府県」と揶揄されるくらい、国内での存在感が希薄だ。首都・東京では「砂丘のあるところ」なんて、同じ山陰の鳥取県と誤解されるほどで、島根県としてのイメージはほぼ皆無。その要因は立地にある。交通インフラが脆弱で、とにかく現地に行きづらいのだ。それはまるで「陸の孤島」。日本に残された最後の秘境と言う人までいる。

こうしたイメージの形成には、明治以降の近代産業化に遅れ、戦後の高度経済成長期においても、中央から完全にスルーされてしまったことが大きく関係している。鉄道の敷設は山陽地方に比べて20年以上遅れをとり、次第に発展する広島県や岡山県へと人口は流出していった。地元には目立った産業もないまま、松江・出雲市民を除く県民たちは、漁業や農業といった第一次産業で生計をやりくりするのが基本となった。というわけで農業立県を目指したものの、食品貿易が進んだために、その野望もあえなくご破算。そのため一家丸ごと離県するケースも相次ぎ、戦後から現代に至るまで、ほぼ一貫して人口減少を続けている。結果、65歳以上の人口割合は全国3位と高く、人口増減率はワースト11位（2015年国勢調査）と、典型的な少子高齢化社会となっている。こう言っちゃなんだが、島根県は近代以降ずっと苦杯を嘗め続けてきたのだ。

時代に取り残されてきた島根県。だがそれゆえに古くから残る風土や慣習、手つかずの大自然や歴史的遺構など、オリジナリティ溢れる魅力が少なからず残っている。徹底した管理体制で保護される世界遺産・石見銀山や、老若男女を問わず全国から参拝者が訪れる出雲大社は県民の自慢。グルメだって新鮮な魚介類やソバなど「逸品」には事欠かない。交通インフラがいまだ不便で県内各地の交流が乏しいゆえに、出雲、石見、隠岐の旧3国は独自の風土をいまだに残している。それぞれの街に根づいた歴史や気質は、古き良き「日本らしさ」「日本の姿」といってもいいだろう。

本書では、島根県が抱えているさまざまな問題点を取り上げるともに、県民が気づいていなかった島根県の本質や本来の魅力に迫っていく。果たして島根県は自身が持っているポテンシャルを最大限に発揮し、存在感を高めていくことができるのか？　一冊の紙幅を割いてその答えを論じていこう！

島根県地図

日本海
地蔵崎
境港駅
松江市
松江・出雲/一畑電車沿線拡大図は左
出雲大社
一畑電車北松江線
宍道湖
松江しんじ湖温泉駅
松江駅
玉造温泉駅
宍道駅
出雲縁結び空港
川跡駅
一畑電車大社線
大社前駅
出雲市駅
斐伊川
宍道JCT
山陰自動車道
松江玉造
松江JCT
米子鬼太郎空港
中海
弓ヶ浜駅
東松江駅
揖屋駅
荒島駅
安来駅
米子駅
後藤駅
東出雲
山陰道
京羅木山
安来
伯太川
米子西
日野川東
米子JCT
米子東
伯耆大山駅
淀江駅
淀江
大山口駅
大山
名和
中山
赤碕中山
琴浦船上山
琴浦東
御来屋駅
山陰本線
中山口駅
赤碕駅
浦安駅
山陰道（無料区間）
鳥取県
岸本駅
岸本PA
溝口
伯耆溝口駅
大山
蒜山
江府
JR伯備線
蒜山
蒜山高原SA
江尾駅
米子自動車道
出雲神西駅
神西湖
西出雲駅
山陰自動車道
出雲
江南駅
斐川
加茂中駅
幡屋駅
出雲大東駅
南大東駅
松江自動車道
三刀屋木次
木次駅
雲南市
安来市
出雲市
小田駅
日登駅
下久野駅
JR木次線
島根県
出雲八代駅
亀嵩駅
根雨駅
黒坂駅
吉田掛合
烏帽子山
出雲三成駅
出雲横田駅
雲南吉田
仁多郡奥出雲町
八川駅
船通山
生山駅
大万木山
飯石郡飯南町
出雲坂根駅
三井野原駅
猿政山
吾妻山
琴引山
油木駅
新郷駅
刑部駅
JR姫新線
丹治部駅
富原駅
月田駅
中国勝山駅
邑智郡美郷町
高野
松江自動車道（無料区間）
赤名峠
備後落合駅
小奴可駅
神郷PA
岩山駅
大佐SA
新見駅
新見
中国自動車道
北房
北房JCT
備中神代駅
石蟹駅
井倉駅
JR伯備線
有漢
岡山自動車道
備後西城駅
備後八幡駅
矢神駅
東城駅
JR芸備線
口和
帝釈峡PA
東城
岡山県
備後庄原駅
本村PA
庄原
備中川面駅
三次東
七塚原SA
三次駅
三次東JCT
江の川
江の川PA
三次
三良坂駅
広島県
北
備中高梁駅
中国自動車道
塩町駅
三良坂
備後安田駅
吉舎
吉舎駅
志和地駅
甲奴駅
甲奴
上下駅
本郷PA
高田
美袋駅
甲立駅
JR芸備線
松江自動車道（無料区間）
備後矢野駅
0
5km
備後三川駅
JR福塩線
矢掛駅
吉備真備駅
向原駅
世羅
井原駅
井原鉄道井原線
西阿知駅
玉島
府中駅
新市駅
志和口駅
鴨方
神辺駅
篠坂PA
鴨方
福山東
JR山陽本線
新倉敷駅
尾道北
尾道自動車道
福山SA
鴨方駅
金光駅
里庄駅
笠岡駅
大門駅
東福山駅
福山駅
備後赤坂駅
八本松駅
志和
西条駅
西条
西高屋駅
入野駅
白市駅
河内駅
高坂PA
JR山陽本線
尾道JCT
福山西
高屋JCT
河内
広島空港
三原久井
尾道
松永駅
本郷
新尾道駅
東尾道駅
寺家駅
山陽自動車道
山陽新幹線
三原駅
尾道駅
西瀬戸尾道
本郷駅
東広島駅
糸崎駅
竹原駅
JR呉線
安芸津駅
吉名駅
忠海駅
安芸幸崎駅
瀬戸内海

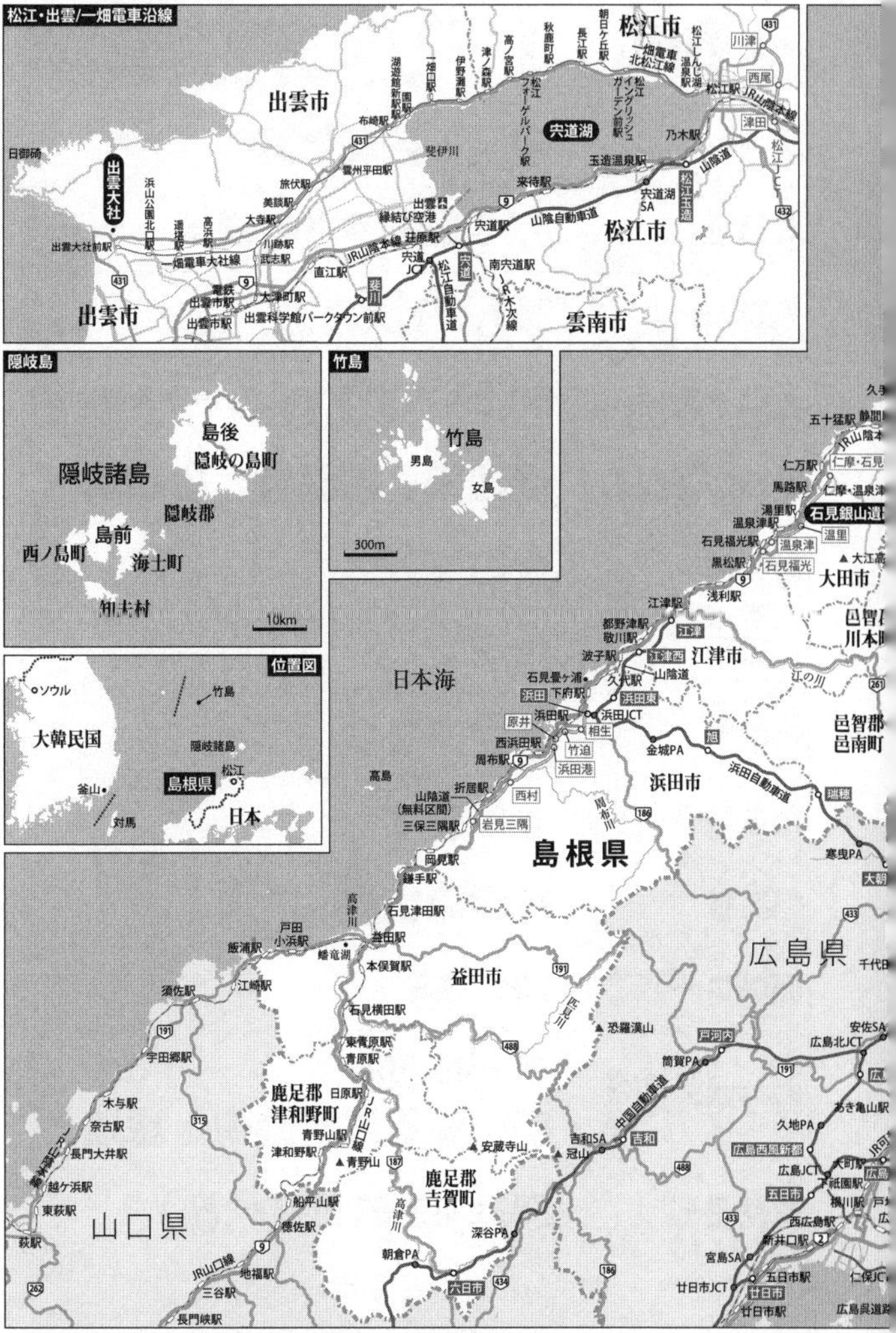
松江・出雲/一畑電車沿線
松江市
出雲市
宍道湖
出雲大社
日御碕
出雲大社前駅
浜山公園北口駅
遙堪駅
高浜駅
一畑電車大社線
川跡駅
武志駅
大寺駅
美談駅
旅伏駅
雲州平田駅
布崎駅
湖遊館新駅
園駅
一畑口駅
伊野灘駅
津ノ森駅
高ノ宮駅
秋鹿町駅
長江駅
朝日ケ丘駅
一畑電車北松江線
松江しんじ湖温泉駅
松江フォーゲルパーク駅
松江イングリッシュガーデン前駅
斐伊川
出雲縁結び空港
来待駅
玉造温泉駅
乃木駅
松江駅
JR山陰本線
西尾
川津
津田
松江JCT
松江玉造
宍道湖SA
山陰道
山陰自動車道
宍道駅
宍道JCT
宍道
荘原駅
JR山陰本線
直江駅
斐川
電鉄出雲市駅
大津町駅
出雲市駅
出雲科学館パークタウン前駅
松江自動車道
南宍道駅
JR木次線
雲南市
隠岐島
隠岐諸島
島後
隠岐の島町
隠岐郡
島前
西ノ島町
海士町
知夫村
10km
竹島
男島
女島
300m
位置図
ソウル
大韓民国
釜山
対馬
竹島
隠岐諸島
島根県
松江
日本
日本海
高島
島根県
広島県
山口県
久手
五十猛駅
静間
JR山陰本線
仁万駅
仁摩・石見
馬路駅
仁摩・温泉津
湯里駅
温泉津駅
石見銀山遺跡
石見福光駅
温泉津
湯里
黒松駅
石見福光
大江高山
大田市
浅利駅
江津本町駅
都野津駅
敬川駅
江津
江津市
波子駅
江津西
山陰道
石見畳ケ浦
久代駅
下府駅
浜田
浜田東
浜田駅
浜田JCT
江の川
邑智郡川本町
邑智郡邑南町
原井
相生
西浜田駅
竹迫
周布駅
浜田港
金城PA
旭
浜田自動車道
浜田市
瑞穂
折居駅
西村
周布川
山陰道（無料区間）
三保三隅駅
岩見三隅
寒曳PA
大朝
岡見駅
鎌手駅
高津川
石見津田駅
戸田小浜駅
益田駅
飯浦駅
蟠竜湖
本俣賀駅
益田市
江崎駅
須佐駅
石見横田駅
匹見川
恐羅漢山
千代田
安佐SA
広島北JCT
戸河内
筒賀PA
宇田郷駅
東青原駅
青原駅
日原駅
鹿足郡津和野町
JR山口線
木与駅
奈古駅
長門大井駅
青野山駅
津和野駅
青野山
安蔵寺山
吉和SA
吉和
冠山
中国自動車道
あき亀山駅
久地PA
広島西風新都
広島JCT
大町駅
祇園駅
五日市
横川駅
西広島駅
新井口駅
越ケ浜駅
東萩駅
萩駅
鹿足郡吉賀町
船平山駅
高津川
徳佐駅
深谷PA
朝倉PA
六日市
JR山口線
地福駅
三谷駅
長門峡駅
宮島SA
五日市駅
廿日市JCT
廿日市
廿日市駅
仁保JCT
広島呉道路

島根県基礎データ

地方	中国・四国地方
総面積	6,708.27 平方キロメートル
人口	667,971 人
人口密度	99.57 人（1 平方キロメートル当たり）
隣接都道府県	鳥取県、広島県、山口県
県の木	クロマツ
県の花	ボタン
県の鳥	ハクチョウ
県の魚	トビウオ
県民歌	薄紫の山脈
団体コード	32000-5
県庁所在地	〒 690-8501 島根県松江市殿町 1 番地
電話番号	0852-22-5111（代表）

※人口は令和２年７月１日現在

第1章
神代から栄光と流転に満ちた島根県の歴史

神話世界で描かれる出雲国は日本を支配した偉大な国だった

県民が小学生のうちに習う出雲神話

島根県民（とくに出雲民）の自慢といえば、神話である。編纂から1300年を迎えた『古事記』上巻に掲載されているエピソードのうち、実に3分の1が出雲地方を舞台にしている。島根県は日本発祥に大いに関連している地であり、古代にかぎれば、とんでもない存在感だ。

そのため、島根県では「ふるさと教育」の一環として、小学生を対象に『いずも神話』という資料を配布しており、今の30〜40代はかなり出雲神話にくわしい。「出雲の国引き」や「ヤマタノオロチ」「黄泉の国」などのエピソードは細部まで覚えてなくても、ほとんどの県民がだいたいのあらすじを理解している。というわけで、島根県民にとっては常識ともされている出雲神話だが、島根県の歴史としてスルーするわけにもいかない。なかでも、「国譲り神話」は、日本を支配した大和王権とも関連するとして、今も専門家たちによる研究が続けられている超重要神話だ。

日本史上で出雲が唯一頂点にいた時代

「国譲り神話」は、天の国である高天原が、日本列島の支配権をオオクニヌシから譲り受けるというエピソードが基本だが、『古事記』『日本書紀』『出雲国風土記』で、あらすじが大きく異なっている。

『古事記』の記述では、高天原のタケミカヅチから国を譲るように迫られたオオクニヌシが、息子のコトシロヌシとタケミナカタに意見を求めたところ、二人の意見は真っ二つ。そこで、国譲りを迫ったタケミカヅチとタケミナカタが力比べをしたところ、タケミカヅチが勝利して、オオクニヌシが国譲りを決心するというもの。ちなみに、このときの力比べが相撲の原点だとされている。

島根県の神話時代と歴史年表

年	出来事
???	イザナギ、イザナミの2神が国作りを行う
???	アマテラス、ツクヨミ、スサノオ姉弟生まれる
???	スサノオ、根の国(後の出雲国付近)へ赴く前に姉アマテラスの治める高天原に滞在するも、粗暴な振る舞いのため追放される
???	出雲へ到着したスサノオ、ヤマタノオロチを退治しクシナダヒメと結婚。須賀(現雲南市)を本拠とする
???	スサノオの六世孫オオクニヌシ、葦原中国を完成させるも、高天原の圧力により国譲りに追い込まれる
???	国譲りの代償として出雲大社を創建
最終氷河期	人類が現在の島根県に到達(2~7万年ほど前)
1万年前	板屋遺跡(飯南町)から土器がみつかる
4000年前	縄文文化が発生する
2500年前	弥生文化が九州より伝播。スサノオの行程はこのあたりか
57年	奴国王、後漢に朝貢。光武帝より印を授かる
2~3世紀	出雲に巨大王権の存在が確認される
239年	『三国志』に邪馬台国登場。ここに記された卑弥呼即位前の「倭国大乱」に出雲も関係していた?
3世紀後半	現在の奈良県に作られた箸墓古墳の「コピー」が全国的に普及。「統一」はこの頃か。国譲りも同時期の可能性あり

※各種資料より作成、神号等は省略した

一方、『日本書紀』では、それまで国譲りに従わなかった出雲のオオクニヌシ（オオアナムチ）を納得させるため、高天原のタカミムスビが壮大な宮を造ることを条件にし、これがキッカケとなり、出雲大社の建立に至るというもの。最後の『出雲国風土記』は、国譲りを迫る高天原に対してオオクニヌシは「支配していたほかの国は譲る。だが、八雲立つ出雲だけは譲らない」と言って、出雲以外の地を手放すというあらすじになっている。

こうしたエピソードのちがいは、研究者たちによっても盛んに取り上げられており、その解釈はまさに千差万別。ただ、３つの歴史書のなかで、もっとも趣を異にしているのが『出雲国風土記』なのは明らかだ。『古事記』や『日本書紀』では、最終的にオオクニヌシがすべての国を譲っているのに対し、『出雲国風土記』では、最後のあがきとして出雲国だけは明け渡していない。その観点から言えば、『古事記』『日本書紀』が人和王権側からの視点で描かれているのに対し、『出雲国風土記』が出雲国側からの視点で描かれているのではないかという見方が大勢を占めている。

じゃあどっちが本当なの？　と思うのは当然だが、それこそが国譲り神話

東出雲町にある黄泉津比良坂。イザナミとイザナギの神話で登場する舞台となる「黄泉の国」へとつながっているとされている

がいまだに論争を呼んでいる点でもある。『出雲国風土記』が正しいとすれば、現代に残る出雲の末裔たちは日本の始祖ということになる。だが、一方で『古事記』や『日本書紀』から導き、出雲国の人々は国を追われて、東北で蝦夷、九州で隼人になったという説もある。

だが、間違いなくいえるのは、古代日本における出雲国は、大和王権（朝廷）が登場する以前まで、日本を治める民だったろうという点である。島根県が歴史上で唯一日本の中枢を担っていた時代ともいえる。当時のスゴさを伝える『出雲国風土記』が、島根県民の心のよりどころとなっているのも当然なのかもしれない。

律令制以前から存在した旧3国で異彩を放った出雲王朝

古代から変わらない旧3国のパワーバランス

今でも島根県民の意識の根底にある出雲国、石見国、隠岐国の境界は、大化の改新で天皇を中心とした律令国家が進展していくなかで成立した。その正確な年代はわかってはいないが、680年には国境確定作業が行われており、旧3国の領域はそのころに確定したという。

ただ、この国境が定められる以前の古墳時代から、それぞれの国では、地域の特色に応じた支配が進んでいたと考えられている。石見は、もともと山岳地帯に小さな勢力が点在していたとされており、益田市周辺に有力な勢力がいたとされている。また、隠岐では八尾平野（隠岐の島町）を拠点にした有力集団がおり、律令制が敷かれてからも、ここが政治の中心地となった。

出雲国は、7世紀初頭までに意宇郡（松江市や安来市周辺）を政治の中心地として、のちに「出雲臣」という一族へとつながる氏族がすでに政治的統一を果たし、一大国家を築いていた。この国家を「出雲王朝」と表現する研究者もいるほど、出雲国は強大な勢力を保っていたという。この出雲国は当時の日本でも随一の国家であり、「国譲り神話」にあるように、大和王権と国家を巡る何らかの争いがあったのではないかという見方もされている（諸説あり）。いずれにしても、当時の3国におけるパワーバランスや地域性は、現代の島根県とまったく同じ。出雲だけがズバ抜けていて、石見はまとまりがなく、隠岐は都に海産物を献上する下国にすぎなかった。要するに島根県の地域性は1400年以上も前から、ほとんど変わっていないのである。

出雲国だけは天皇から特別視されていた⁉

ただ、出雲国についてはミステリアスな部分が多い。そもそも本当に巨大な

古代の出来事

年	出来事
250or350年	崇神天皇(実在の可能性が存在する最古の天皇)、出雲大社の神宝を献上させる
崇神天皇期	出雲国造が定められる(崇神天皇が「実際の神武天皇」であったとすれば、国譲りはこの時か)
593年	聖徳太子が摂政となる
604年	十七条憲法発布
645年	大化の改新起こる
7世紀頃	神魂神社に出雲国造の拠点が存在
645～701年頃	令制国成立。出雲国、隠岐国、石見国成立
659年	杵築大社(後の出雲大社)修復
663年	百済滅亡。倭国、百済残党軍が白村江で新羅、唐軍に大敗
672年	壬申の乱で大海人皇子(天武天皇)勝利。現在につながる国の形がほぼ確定する
718年	佐比売山(大田市)に、関係の悪化していた新羅(朝鮮半島北部)の侵攻に備えた砦が築かれる
733年	出雲風土記が編さんされる
851年	熊野大社が六国史に登場
880年	出雲で大規模な地震が発生

※各種資料より作成

国があったのかどうかさえ、今も専門家の間で真っ向から意見が対立することがある。というのも、１９７０年代までは「出雲国は神話のなかでの架空の国」として見られていたからだ。今では出雲王国の象徴ともされている「四隅突出墳」という独自の古墳も、「ただの田舎の墓」と一笑に付されていたことさえある。戦前の歴史家たちはこぞって出雲国などファンタジーだと考えていたのだ（詳しくは62頁）。

こうした論調を覆したのが、１９８４年に発見された荒神谷遺跡の出土品である。整然と並べられて埋葬された銅剣３５８本が見つかり、さらにすぐ近くで銅鐸6個、銅矛16本も合わせて出土。このように銅鐸と銅矛が同じ遺跡から発見された例はなく、そもそもこれだけの数の銅剣が埋葬されている例は、全国どこを探してもなかった。続いて、１９９６年には、現雲南市の加茂町で加茂岩倉遺跡が発見され、39個の銅鐸が出土。これまた一カ所で掘り出された数としては全国一である。しかも、荒神谷遺跡とはわずか3キロしか離れておらず、どちらの出土品にも「×」印の刻印が彫られていることから、何らかの意思統一がなされていたとも考えられている。こうした発見によって、古代出雲王朝の存在が否定されることはなくなったものの、その実態は未だつまびらかにされていない。

だが、律令制が進んだのちも、出雲国が中央にとって重要な位置づけにあったことはほぼ確実だろう。それを裏付けるのが、天皇に奏上された出雲国造神賀詞の存在である。全国で国造制が廃止されたのちも、出雲国造だけは新任すると必ずこの儀式を行っていた。これは出雲臣の祖アメノホヒ、アメノヒトナリの国譲りでの活躍、杵築大社（現・出雲大社）のオオナムチが天皇の守護の神として奉仕する由来を述べ、最後に天皇の長寿と治世の安泰を祝福するというもの。これは国造が天皇に対する服従と忠誠を誓う意味合いもあり、天皇の支配と権威づけの色合いが濃かった。つまり、出雲臣をいつまでも従わせようという天皇の意思の表れでもあるのではないだろうか。この神賀詞は平安中期まで続けられたが、それ以降は権威づけとしての効力が薄れ、歴史から姿を消した。この頃から出雲国の存在感は次第に薄れ始める。

文献によっては出雲大社よりも格上だったとされる熊野大社。和歌山の熊野三山はここからの勧請と無関係ともいわれる

「かもす」と読めるのは島根人を除けば少ないかもしれない神魂神社。かなり古くからあるが、中世以前の実態が謎に包まれた神社だ

外国人と移住者による内憂外患で大混乱！

大陸から来る使節団の接待に四苦八苦

よくも悪くも、島根県は古代から中国大陸や朝鮮半島との関係が深かった。弥生時代から続くとされるたたらの技術は大陸からもたらされたといわれ、渡来人はそのまま住み着くようになって、応神天皇の時代には大規模な融合が進んでいったらしい。出雲市にある韓竈神社は、朝鮮から渡来した「釜」を意味するとされ、鉄器づくりとの関連が推定されている。大田市にも韓神新羅神社という名前の通り、新羅との深い関わりがあると考えられている。いずれも渡来人が住み着き、ひとつの集落などを築いたのだろう。それだけ日本海を挟んだ交流が盛んだったのだしかし、９世紀に入って新羅の国家体制が揺らぎ始めると、新羅からの海賊船が横行するようになり、旧３国には弩（射撃用の武器）が配置され、対新羅の前線基地となった。８６９年には、隠岐守越智貞原が新羅と通謀を図ったとされる事件も発生。貞原は結局無罪とされたが、遣唐使として新羅に渡航した経歴もあり、新羅人と何らかの謀略を図っていた可能性は否めない。当時の新羅に国家的な侵略をする余力はなかったものの、こうした細かい事件が頻発するようになると、中央政府は警戒を強めていく。その中で島根３国の緊張感も高まっていった。

また、海賊とは別に、渤海（現在の中国東北地方にあった国）からは友好的な使節団が幾度となく出雲国へと到着している。８１４年の来航を皮切りに、頻繁に訪れる使節に対し、出雲国は自腹で接待をしなくてはならなかった。中央が12年に１度という通達をしたにもかかわらず、それを無視して訪れるので、出雲国の負担は相当に大きかっただろう。かつての巨大王朝時代ならいざ知らず、この時代には普通の一国に落ち着き始めていたので、財政的なダメージをボディブローのように受けていたはずだ。

財政難と反乱で、旧3国はハチャメチャ！

そんな出雲国に対して、ダブルパンチとなったのが俘囚の存在だった。当時の政権は蝦夷を異民族と見なし、列島各地で服従を迫っていた。一般的に蝦夷というと、坂上田村麻呂らと最後まで戦ったイメージが強いが、なかには服属する者たちがおり、彼らを俘囚と呼ぶようになった。政府軍に捕らえられた俘囚たちは全国へと移住させられ、そのなかのひとつが出雲国であった。俘囚に対しては、移住先の国から食べ物や服などが与えられ、ときには酒などもふるまわれた。出雲国介の石川清主は、あまりに俘囚に対する待遇を厚くしたために、当時の政府から追及されるハメにもあっている。俘囚に対する支出もバカにはならなかったのだ。

だが、次第に俘囚たちも一般市民と化し、普通に税が課せられるようになると、今度は次第に不満が高まり、各地でイザコザを起こすようになっていった。島根では、813年に意宇、出雲、神門郡を巻き込んだ俘囚による反乱が勃発。その際の出雲国の被害は大きく、渤海使節団への接待費も含めて、財政的に深刻なダメージを受け、出雲国は大ピンチに陥った。

追い打ちをかけるように、８３５年には穀物や財物を保存しておく正倉が焼失するという事件が起こった。理由は定かになっていないが、管理をしていた郡司らが、保存されていた官物を消失したことの証拠隠滅だったり、郡司の管理責任を問うために、対抗勢力が放火したとの説が考えられている。その上、この時期から中央からの税は重くなるばかりで、各国の負担は増大。出雲国は毎年４５００石、石見国は２５００石を納入しなければならなかったという。この税負担は、当時としてはかなり重く、両国とも税収が安定していないために財政は一気に破綻へと傾いていった。

こうした社会不安を受けて、石見国では８８４年に石見守上毛野氏永を郡司と百姓らが襲撃する事件が発生。捕らえられた氏永はあえなく失脚。隠岐国でも隠岐守と浪人たちが対立を引き起こすなど、島根3国はしっちゃかめっちゃかな状況に追い込まれていった。まさに内憂外患の状況にあって、その後の治安は悪化するばかり。こうしたムーブメントは全国各地でも発生し、律令国家体制は瓦解していった。10世紀初頭には、律令国家を支えてきた租税制度は完

以前の出雲大社は写真のような形だったといわれる。歴代の天皇は皇祖であるはずの伊勢神宮より出雲参詣を重視していた歴史がある

全に崩壊していた。

加えて、承平天慶の乱（平将門や藤原純友の乱の総称）に乗じて、山陰地方でも藤原是助が武装蜂起。出雲国は軍を出して鎮圧にあたるなど、混迷を極めていた。いわば無法地帯の様相を呈し、各地で小競り合いが続いた。そのなかで、重要性を高めていくのが、武士をはじめとした軍事力だった。出雲国で952年に設置された押領使は、いわば地方警察のような存在で、おもに国内の治安維持に努めた役所。ここで登用されたのは武力に優れた勢力である。世の流れは、貴族から武士へと移りつつあり、中世から近世における礎を築き始めていた。

独立独歩の道を歩んできた3国が南北朝動乱で激しく対立！

長いものに巻かれる石見と独自性を貫く出雲・隠岐

島根県の歴史は、古代の文献には事欠かないが、どうも平安〜鎌倉時代についてはすっぽりと抜け落ちている。そのため、島根県の平安史はヴェールに包まれている点が多い。そうしたなかで、地域史として県内各地で語られているのが源義親の乱である。

源義親は、八幡太郎の名前で知られる源義家の息子。立派な血を受け継いでいたのだが、その素行は極めて悪かった。1101年、対馬守に任じられていたものの、九州で略奪行為を働き、隠岐国に流罪となっていた。しかし、のちに隠岐国を脱出。出雲国へ渡って再び略奪行為に及んだ。この乱を治めたのが、平清盛の祖父にあたる平正盛である。正盛は隠岐守や若狭守、因幡守と、日本海側の国守を歴任しており、周辺には正盛を中心とした平家の基盤ができていたと考えられている。飯南町や海士町には平家の落人伝説も残されており、正盛と関連があるかどうかは定かではないが、隠岐をはじめとして、当時の島根3国と平家に接点があったのは事実である。ちなみに、出雲国には、源平合戦で平家方について、のちに没落してしまった有力者たちもいた。

さて、この反乱で見逃せない点が、山陰諸国のなかで義親に味方をした人々がいたことである。『中右記』によれば、「近境の国々の人民の中、同意の輩のあるの由、その聞こえあり」と記されているように、出雲国や伯耆国、隠岐国のなかに義親と同調する人間が少なからずいたということになる。流刑地であった隠岐国から脱出できたのも、何者かの手引きがあったのかもしれない。

このように、当時の島根3国のなかでも、独自性の強い地域を築いていた出雲国や隠岐国は、中央からの命令に従わない人々が少なからずいたようだ。その一方で、こうした一大事件にもまったく登場しないのが石見国だ。当時の石見人は「長いものに巻かれる精神」が強く、のちに鎌倉幕府ができてからは益

平安〜鎌倉時代の出来事

年	出来事
851年	出雲国の熊野・杵築大社が従三位を授階
889年	宝台寺が建立
931年	霊椿山・円城寺開山
1108年	源義親の乱、平正盛によって鎮圧される
	出雲杵築大社本殿が転倒する
1185年	平家滅亡。現在の島根県に東国武士団が配置され始める
1221年	後鳥羽上皇、承久の乱に敗れ隠岐国に配流
	承久の乱で軍功を挙げた佐々木義清が出雲、隠岐の守護となる。義清の子孫は出雲源氏として定着。隠岐氏、塩冶氏、富田氏、高岡氏、佐世氏、湯氏、末次氏が成立する。
1281年	元寇に備え、石見海岸などに砦が築かれる
1332年	後醍醐天皇、隠岐国に配流
1333年	後醍醐天皇、隠岐国より脱出

※各種資料より作成

田氏などがいち早く御家人になったりして、中央に従順で出世を目論む者が多かったという。

対して、出雲国では後鳥羽上皇が鎌倉幕府を相手に起こした承久の乱で、多くの武士が後鳥羽方についた。その結果、幕府方が勝利したのちに、出雲国内には東国の御家人たちが多数流入してきた。これまで非御家人を貫いてきた杵築大社（出雲大社）の神官であった国造出雲氏でさえ、御家人にならざるを得なかった。当然、東国武士たちのやり方に不満があがり、古くからの出雲民も反発したそうだが、そうしたイザコザが繰り返され、治められるたびに、かえって出雲国の実権支配を東国武士に奪われる結果となった。閉鎖的で頑なな態度をとってきたことが、逆に仇となってしまったのだ。

南北朝動乱を経て出雲・隠岐VS石見が鮮明に！

出雲国と隠岐国は似て非なれど、国を揺るがすような大きな事件などでは意見が一致することが多い。対して石見国は、両国に対して逆張りをするパターンが多い。それは、鎌倉時代末期、後醍醐天皇に端に発する南北朝動乱でも同様で、出雲と隠岐の武士たちが比較的早く足利尊氏についたのに対し、石見国の武士たちは反尊氏派として活動する者が多かった。

出雲と隠岐の守護・近江佐々木氏一族の所領が国内の多くを占めていたのに対し、石見は当時権勢を誇った北条氏が完全に掌握していた。国内の領主や武士たちは小粒で、小規模な所領ごとに各領主が対立しているような状況であった。そこに付け込んだのが、反尊氏派の急先鋒だった足利直冬。強力なリーダーのいない石見へ徹底した工作を行い、石見国内に散らばっていた領主や武士たちを急速にまとめあげ、直冬党を築きあげた。その勢力は拡大の一途を辿り、一時は上洛寸前のところまでいったが、結局は尊氏派によって打ち破られてしまい消えていった。

こうして南北朝の動乱が収まると、出雲と隠岐は京極氏が守護として治め、石見国は大内氏が実権を握った。古代から平安時代に至るまで独立独歩の道を歩んできた3国だったが、戦乱の世を目前にして、その立ち位置は真っ二つに引き裂かれることとなった。

出雲大社は中世、出雲の有力な勢力として活動していたが、武士の時代の波には逆らえず、国造家の一部は武家化していくことに

出雲科学館に近い一の谷公園には平家丸城跡という城跡があるのだが、これが名前の通りのものかは不明。もう本当に謎だらけだ

戦国時代の島根を支配した尼子氏と大内氏はどっちが優秀？

今でも「尼子さん」と親しまれる名武将

1441年、出雲・隠岐の守護だった京極高数が嘉吉の乱で足利義教とともに殺害されると、高数の甥の弟である持清が京極氏を継承した。持清は、出雲、隠岐、飛騨の3カ国の守護職に任じられるとともに、幕府侍所の頭人（長官）にも着任。いくらなんでも、これらの職をすべて一人で全うするのは無理なので、持清は出雲国の分国支配を進めた。ここで守護代として出雲の両国支配に乗り出したのが、守護代の尼子氏だった。

室町期の出雲は、自立性の強い領主層がゆるやかな地域連合を組んで国内を割拠していたが、尼子氏はまず国内の統一を図った。安来荘の国人領主だった松田氏や、能義郡の国人一揆を打ち破り、出雲西部で勢力を誇っていた塩冶氏の家督を掌握。反京極氏だった有力者たちを次々と傘下に加えていったことで、京極氏から尼子氏へ権力の移行もスムーズに完結された。

また、尼子氏は独自の家臣団を編成し、戦国大名としての基礎を固めた。象徴的なのが、当主直属の家臣団・富田衆と国人領主などで形成される出雲州衆の結成。富田衆は、尼子氏に乞われて近江から来た者や、神魂神社の神官などが務め、尼子一族とともに政治の実権を握った。

出雲国内の安定を図りつつ、尼子氏は隠岐の国人層ともうまく付き合った。新たに知行安堵や給付を行い、隠岐氏には出雲国内の所領を与えるなど、まず有力者たちの人心を掌握。そうして自身の家臣団・出雲州衆に組み込み、隠岐国内での自治を認めた。当時、隠岐では直接村落を治める公文という独特の自治制度を築いており、それを崩さなかったことは尼子氏の英断だったといえるだろう。

出雲・隠岐両国内において抵抗勢力がいなかったわけではないが、尼子氏は直接支配に乗り出すのではなく、それぞれ国人領主などを支援することで反乱

尼子氏年表

年	出来事
1333年	鎌倉幕府滅亡。塩冶(佐々木)高貞、出雲守護職を安堵
1340年	塩冶高貞、山名時氏に守護職を追われ自害。山名時氏が出雲守護職に
1343年	佐々木(京極)道誉(高氏)が出雲守護職に任ぜらる
1395年	尼子持久、京極高詮の守護代として富田城に入城
1458年	尼子経久誕生
1478年	尼子経久、家督を相続
1484年	尼子経久、守護代を罷免される
1486年	尼子経久、守護代塩冶掃部介を滅ぼし富田城を奪還
1521年	尼子経久、山陰・山陽11カ国を制圧
1524年	尼子経久、伯耆国侵攻
1541年	尼子経久が84歳にて死去
1543年	月山富田城の戦い。毛利氏などを従えた大内義隆の大軍を、経久の孫・尼子晴久が撃退する
1554年	尼子氏の有力一門新宮党が粛正される
1562年	尼子晴久死去
1566年	尼子義久、毛利元就に敗れ月山富田城が陥落
1568年	山中鹿助、尼子氏再興を狙い、尼子勝久を擁立し毛利氏に戦いを挑む
1578年	尼子勝久、上月城で敗北し自害。山中鹿助も処刑され、尼子氏は滅亡する

※各種資料より作成

を抑え込むことに成功してきた。いわばトップダウンではなく、ボトムアップ的な支配だったのだ。さらに、杵築大社やその周辺整備など神社仏閣の造営や仏事なども積極的に実施。こうした造営事業による経済効果を地域社会に浸透させた。のちに尼子氏は滅ぼされ、出雲・隠岐の支配権は毛利氏や吉川氏へと移行するが、今でも島根県民からの尼子人気は高い。これは、ひとえに尼子氏による支配が、地域社会に根差し、人民たちの心を掌握したからだろう。

特殊な支配体制を敷いた石見国で暗躍した益田氏

一方、石見国を実質支配していた大内氏は、当時でもめずらしいやり方で実権を握っていた。当時の守護は山内氏であったが、それはあくまでも名目的な存在にとどまっていった。石見国内では益田氏を盟主とする国人一揆が形成され、これと大内氏が固く結束することで地域社会を掌握していた。

この特異な支配体制が成立した原因は、応仁の乱にある。細川勝元率いる東軍と山名宗全率いる西軍に分かれ、11年に及んで繰り広げた戦乱であるが、ここで石見国の益田氏は、驚異的な立ち回りを見せる。この乱に際して、益田兼堯は益田にとどまって東軍方につく一方で、嫡子である貞兼を西軍方として大内政弘にしたがって京都に赴かせた。これだけでも、なかなかの策略家だが、兼堯は政弘から留守を預かった陶弘護との間で、父子が両軍に分かれて参戦はするものの、大内氏との協調関係に変更はない旨の契りをあらかじめ交わしておいたのだ。そして、東軍方として支援を得て、抵抗勢力だった石見の国人衆を屈服させると、今度は貞兼が東軍方に鞍替え。東軍についた幕府に知行安堵を承認させた上に、大内氏との関係を維持するというウルトラCを演じてみせ、見事に成功を収めた。

こうして石見国人衆の頂点に立った益田氏の影響力によって、大内氏は守護でなくても石見国を支配できたのである。要するに益田氏こそが石見国を治めた最大の功労者だったといえよう。ただ、これだけの活躍を見せた益田氏だが、対立した尼子氏に石見国の領有権を奪われたため、現在の石見周辺でも人気が高いのは尼子氏である。

尼子氏が出雲国支配のために居城した月山富田城。目下のところ復元が行われており、ふもとには道の駅も設置されている

石見銀山を守るために築城された山吹城は、大内氏によって築城されたといわれ、のちに尼子氏に接収された

水害ラッシュ&財政難で四苦八苦する松江藩

次々に入国したヨソ者大名に牛耳られる!

尼子氏を破って島根県全域を支配していた毛利氏は、関ヶ原の戦いにおいて敗者となった。そのため、戦後処理として毛利氏は領地を削られ、出雲・隠岐には浜松から堀尾忠氏が入国。松江藩と命名され、松江城が築かれた。ただ、堀尾氏は3代でお家断絶、代わって尼子氏を祖にもつ京極忠高が入ったが、こちらもわずか4年で終わった。その後に出雲へと入ってきたのは、親藩である松平家。当時、親藩が置かれる国は、江戸幕府にとっての要所が多かった。出雲が親藩となったのは、鳥取、岡山、山口、広島を潜在的な敵対勢力が治めていたため、松江を山陰支配の中心地に据える目的があったからだ。

一方、石見には浜田藩、津和野藩が設けられた。当初、浜田藩には外様大名の古田重治が入ったが、のちに松平、本多と徳川家に近い譜代や親藩によって統治。津和野藩は、坂崎氏、亀井氏といった外様大名が入国した。そのほか安濃郡には吉永藩という小さな藩が置かれたが、こちらは40年で消滅。戦国時代から争奪戦が繰り広げられた石見銀山は幕府直轄の天領とされた。

このように、江戸時代の島根県は原則的に外部からやってきた武将たちによって統治されることとなり、幕府の意向が色濃く反映されるようになっていった。ところが、隠岐だけは相変わらず特殊な統治で、幕府直轄地のまま松江藩に預けられるという形式がとられた。松江藩から代官が派遣され、統治されていたが、幕末には独立をかけて隠岐騒動が勃発（２４０頁で詳述）。一時は鳥取藩に支配されたり、幕末から近代にかけて複雑な過程をたどった。

超ビンボーな松江藩の切り札はハゼとニンジン！

こうした島根県内の藩において、松江藩がもっとも大きな力をもったが、その台所事情は江戸期を通して厳しかった。とくに第6代藩主・松平宗衍の治世になると、その窮乏ぶりは限界にまで達し、藩政改革（強力な財政振興策）を強いられた。それでもなかなか松江藩の財政が安定することはなく、幾度となく改革が行われるのだが、これがどれもパッとしなかった。

たとえば、1740〜50年代に行われた延享の改革。家臣に対する倹約令が頻発され、「婚礼では身分の大小によらず雑煮・吸物・肴この三種のほかは無用。大身のものも美食をせず奢侈を戒め、慶弔の見舞いは遠慮せよ」などと、非常に細かい制約が設けられたりもした。さらに、台所事情がひっ迫すると、家臣の給与を半減する「半知」だったり、藩士の米の受け取り分が3分の2になる「三斗俵」などの厳しい処分が下され、藩士からの不満が噴出。国政批判が吹き荒れたらしい。

こうした松江藩の改革の特徴は、勧農抑商だった。要するに商業よりも農業を推進する政策である。なかでも藩の財政を支えたのは木実方という役所。なかでも、メインとなったのはハゼの栽培。ハゼはウルシの一種で、果実はロウソクや坐薬、木材は工芸品などで使用される。松江藩は専売によって、莫大な利益を上げたという。また、1770年代から東津田村で始まった雲州人参の栽培も、松江藩の重要な収入源となった。このニンジンは、清国（中国）に人気で輸出が大成功を収めた。当初80ほどしかなかった畑も、約50年で8000にまで増加した。当時の松江藩は、農業に活路を見出したのである。

斐伊川による大水害に右往左往

ただ、農業を続けていくにあたって問題になったのは、斐伊川の氾濫による水害だった。数年おきに大水害を引き起こした斐伊川は、たびたび藩財政を圧迫させるほどの水害を発生させたのだ。たとえば、1674年に起きた松江大水害では、溺死者が229人にも及んだ。大雨によって増水した宍道湖周辺の川は、軒並み氾濫し、その水位は平地でも2～3メートルほどになったらしい。天神橋は全壊し、松江城の侍たちは、寺や山荘に逃げ出すしかなかった。この洪水によって、当時の藩主・綱隆は城地替えまで画策したほどである。結局、幕府に願い入れる前に、綱隆が逝去したために松江城は今のまま残されたが、もし綱隆が死ななかったら、別の場所に移されていたかもしれない。

こうした水害対策としてとられたのは宍道湖の新たな排水路の開墾。清原太兵衛という市中の人物が中心となり、佐陀川を開墾して、排水路を増やす構想が松江藩に採用された。この工事によって洪水の防止に、ある程度の効果があったとされているが、それでも根本的な解決には至らず、集中豪雨などがあると、すぐに斐伊川は氾濫してしまったそうだ。ただ、この工事によって周辺地域の水田化が図られ、日本海と松江城を結ぶ水運が開けるなど、経済的なメリットは大きかった。

松江藩が窮乏する一方で、経済的に安定していたのは津和野藩だった。新田開発や石見半紙を積極的に奨励し、4万3000石でありながら、実質15万石の経済実力をもつといわれたほどだった。いずれにしても、江戸時代の島根県の各藩は石見銀山が天領になってしまったため、農業や工芸品で稼ぐしかなかったのだ。

堀尾忠氏によって築城された松江城。天守が現存し、国宝に指定されている。度重なる水害で地替えされそうになったこともある

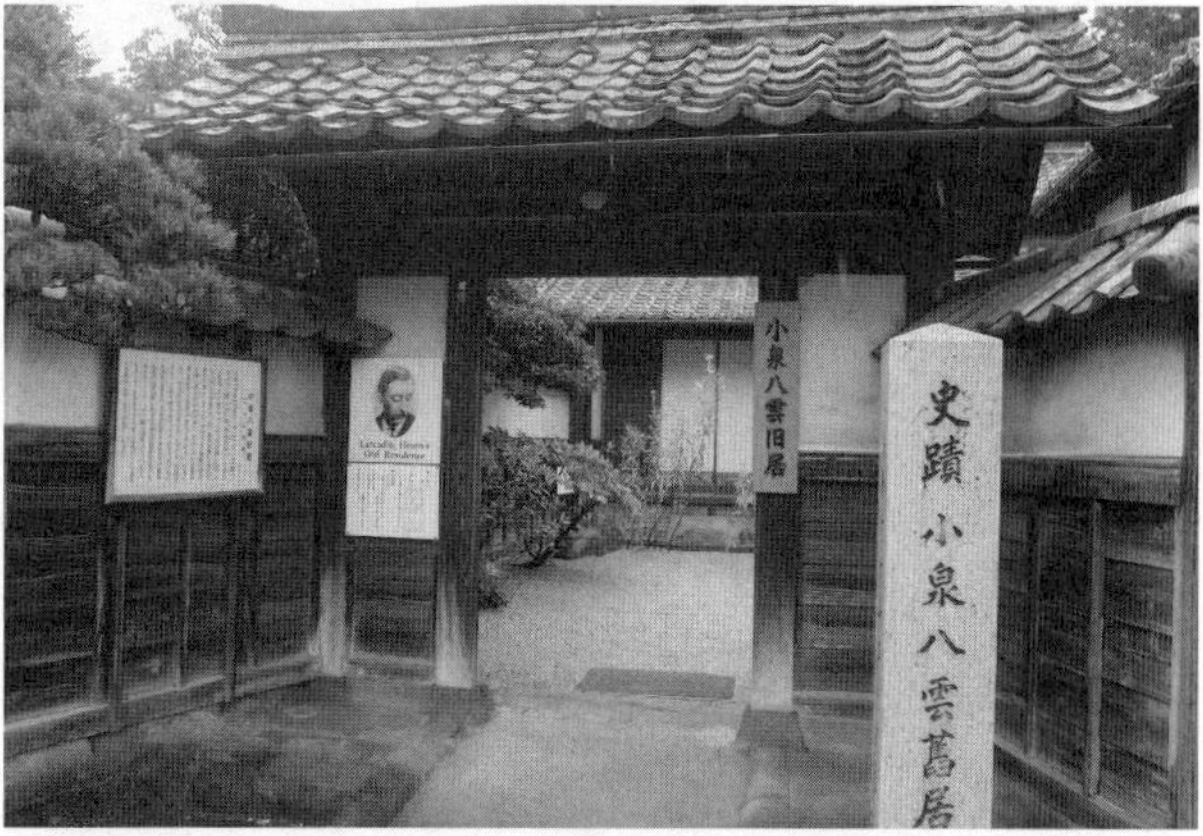

国の史跡となっている小泉八雲旧居は、江戸時代中期に建てられた武家屋敷。周囲にも多数の武家屋敷が残っており名所となっている

新政府から総スカン！島根の近代化は後手後手に

大島根県は鳥取士族の反発にあって物別れに！

江戸時代に至るまで、大きく出雲、石見、隠岐の旧3国区分で分けられていた島根県は、廃藩置県によって統一された。ただ、その経緯はけっこう複雑だったので触れていきたい。

まず、1869年2月に隠岐県が成立した。同年8月には浜田藩と隠岐県を含めた大森県が誕生したが、翌年2月に浜田県と改称され、のちに津和野藩も浜田県に編入された。

一方、出雲では、1871年7月に松江、広瀬、母里の3県が成立したが、11月には3県が合併して島根県に改称。同年12月には、いったん島根県に編入されていた隠岐が鳥取県に移行。１８７６年4月には浜田県が島根県に編入、次いで8月には鳥取県も併合され、ここに出雲、石見、隠岐、伯耆、因幡5カ国をあわせた大島根県が誕生した。ただ、これに反発したのが鳥取県である。１８８１年には、鳥取県内の上級士族による組織的活動が起こる。それら団体のなかでも「共斃社」という過激派組織は、県内で暴力行為に及び、大きな社会不安を引き起こした。当時の鳥取の事情に触れておくと、鳥取藩は明治維新で新政府側についていたにもかかわらず、官吏登用がわずか41人。そのうえ、32万石だったのに、18万６０００石しかなかった松江藩に吸収されたとあって、不満が爆発するのも無理はなかった。ちなみに、伯耆では鳥取県再置に反対する声も根強く、一時は因幡の兵庫県編入も考えられていた。こうした経緯を経て、鳥取と島根は5年もの間、ひとつになっていたのである。

主要産業としてたたら製鉄に力をいれるも……

明治時代の島根県の主要産業は、米作を中心とした農業と、沿岸部の漁業であったが、たたら製鉄によって全国1位の鉄生産高を誇っていた。鳥取県を含めた山陰両県では全国生産のうち約71パーセントを占めていたぐらいだから、「鉄といえば山陰」というのが当時の常識だったのだ。

さて、それだけ重要な産業だったから、たたら製鉄によって財をなした名士たちも少なくない。それが「奥出雲の御三家」とも称された田部家、絲原家、櫻井家。いずれも大規模な山林を所有し、そこでたたら製鉄を経営していたのである。さらに、株小作という特殊な形態をとり、小作人に対して温情的だった。その小作料は全国平均が60~70パーセントであるのに対し、大田あたりでは50パーセントほどだったという。

その一方で、小作人の地主への服従は絶対的で、年末年始の挨拶はもちろん、旧正月には地主の家に大集合して、「なひ始め」という行事を執り行ったりもした。こうした小作形態は太平洋戦争後まで続き、島根県の山間部では、閉鎖的で保守的な風土が形成されていった。

しかし、海外からの輸入量増加によって、島根県の製鉄業は大ダメージを受けた。そのため、合理化と近代化に向けて雲伯鉄鋼合資会社を設立。当初は卸

江津市に現存する明治初期に建てられた郵便局。インフラ整備が遅れる島根県にあって、郵便事業だけは迅速に設けられた

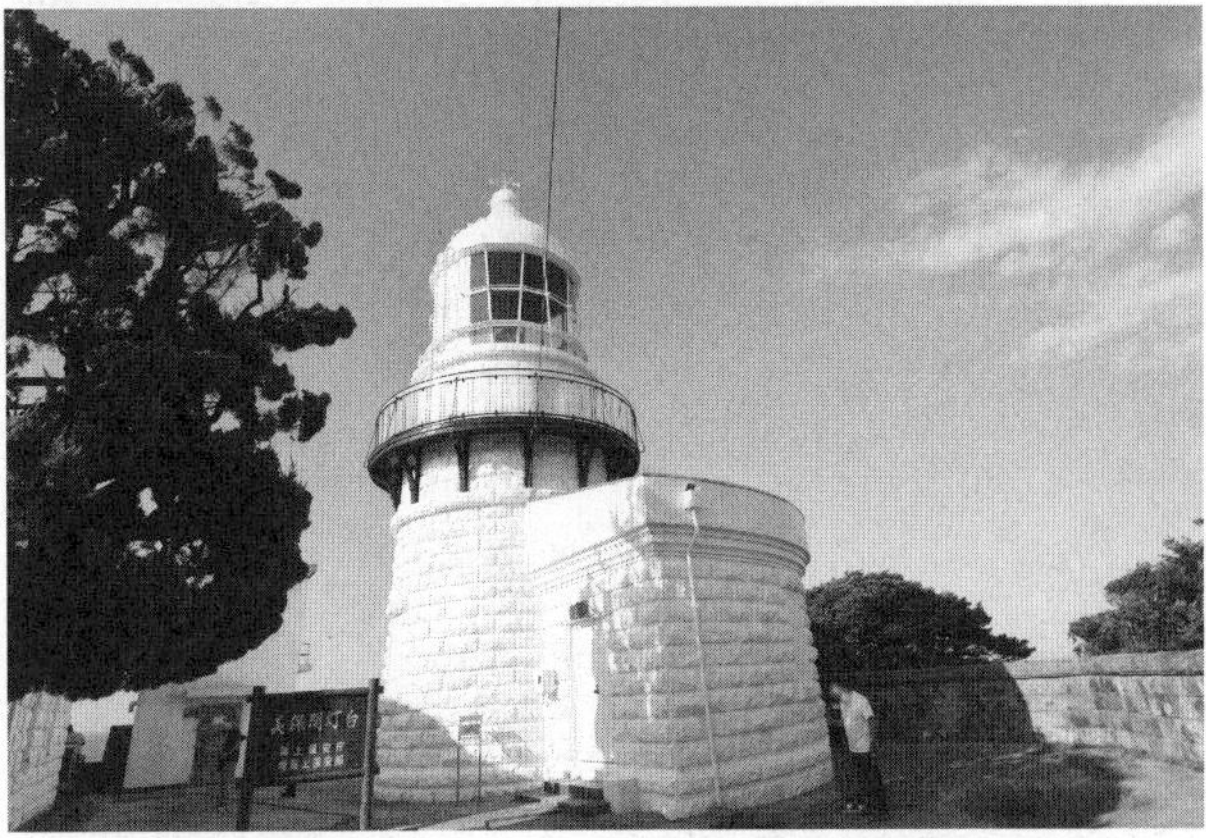

美保関灯台が建てられたのは1898年。山陰最古の灯台であるが、こうした「最新」の施設があまり作られなかったのが島根の近代だ

売業のような形態をとっていたが、本格的な工場を建設すると、のちに安来製鋼所へと名称を変更。ただ、そのときにはすでに、官営八幡製鉄所を筆頭に、釜石製鉄所、富士製鋼、川崎造船所兵庫工場、日本鋼管などが相次いで操業を開始。それでも何とか地元の製鉄業を盛り立てようとしたものの、第一次世界大戦が終わると需要が激減。価格も急落し、たたらの火は消えることとなった。

全国的な鉄道ブームにも乗れずに敷設は後回し

明治から大正にかけて政府は、全国的に鉄道敷設に執心した。1872年に新橋〜横浜間に鉄道が開通すると、1892年に鉄道敷設法を公布。全国の主要都市を結ぶ路線が次々と開通していった。

しかし、山陰地方はこうした全国的なムーブメントに乗り遅れていた。政府もそれほど、山陰地方における鉄道の必要性を感じていなかったのだろう。1900年には、島根県内で山陰鉄道期成同盟が結成され、鉄道敷設促進運動が行われ、ようやく1907年に山陰地方初の鉄道（山陰本線）が、境〜米子〜

鳥取間で開通。松江〜鳥取間が全通するのは１９０８年のことである。さらに益田まで延伸されるのは１９２３年まで待たねばならず、下関〜京都まで全通するのは１９３１年のこと。１９０１年に全通した山陽本線と比べてみても、島根県内の鉄道整備は遅れに遅れていた。

そのほか大社線が１９１２年、広瀬鉄道が１９２８年、三江線が１９３０年と、次々と鉄道が敷設されたが、いずれも構想から10〜20年以上もかかっており、実現するまではかなりの紆余曲折を経た。その多くは、出資不足であったり、政府に後回しにされたりと、いわば、あまり重要視されていなかったのが原因だった。

それだけの苦労を経たのに、大社線や広瀬鉄道、三江線のいずれも戦後には廃線の憂き目に。島根県は今も昔も鉄道不毛地帯なのだ。

どんどん閉鎖的になる陸の孤島
全国屈指の過疎県に

島根県民の閉鎖性を表す県庁焼き討ち事件

島根県は江戸時代以降、外部からの為政者によって統治されてきたため、お上（中央政府）に対する敬意が根強く、なるべく穏便に済まそうとする「事なかれ主義」が育まれてきた。ただ、その一方で、交通インフラの整備が遅れるなど、閉鎖的な風土が長く続いてきたため、新しいイデオロギーや思想には強く抵抗する傾向がある。為政者が変わったり、政策などに不満をもつと、県内で大きな運動や事件を起こしたりもする。中央政府ではなく、地元のお上にキレるのである。

こうした島根県民の気質を色濃く反映しているのが、戦後すぐに起きた島根県庁焼き打ち（松江騒擾）事件である。ポツダム宣言受諾後、島根県内では「皇国の復興」というムードが蔓延した。当時の県知事であった山田武雄は、「県民指揮方策大綱」のなかで、敗戦の責任をそれぞれが感じ、県民に天皇への臣従を求めるような内容を発表する。旧来の支配秩序を維持しようとしたのだ。軍も敢闘精神を求めるなどし、松江市では、1945年8月17日から19日にかけて隣県の鳥取県美保航空隊基地から飛来した海軍機が「断固抗戦」のビラを撒く事件もあった。そうした風潮が県内を占めたのは、島根県がそれほど戦災を受けておらず、本土決戦ができそうな状態であったことも大きい。

そのなかで、降伏を認めず、徹底抗戦を主張する青年団が結成された。松江中学校の卒業生でもある岡崎功が皇国義勇軍を立ち上げ、戦争責任を天皇ではなく、東条英機ら為政者や軍閥にあるというイデオロギーを抱いていた。かつて岡崎功は、東条らの暗殺を計画して、懲役刑に処されたこともある。そうした思想に基づき、ターゲットにしたのは悪政の元凶と定義した県庁の官僚だった。ほかにも、県民を手玉にとったという理由で島根新聞社や行動遂行をスムーズにするために松江発電所の破壊などの計画を立てた。

過激すぎる計画だったが、新聞社や発電所の襲撃に成功。県庁の2カ所に放火して全焼させたほか、駆け付けた一般人を殺害。その後、放送局に立てこもり、武装警官と話し合いが行われた。そこで、リーダーの岡崎は、「最後に皇居に向かってバンザイをしたい」と提案。なんと犯人である皇国義勇軍だけでなく、警官らも整列して最敬礼をして「天皇陛下万歳」を三唱したそうだ。県民のなかにも、皇国義勇軍の思想に同調する者も多く、県庁に対して「ざまあみろ」という声もあったらしい。『新修島根県史』によれば、この事件を「やむにやまれぬ心情から発生したもの」として、肯定的な評価も下している。今となっては考えられないことだが、それだけ島根県民には皇国思想が根づいていたのだろう。皇国思想が残っているとは言わないまでも、こうした保守性が、現代にも引き継がれ、後の「保守王国」を築く礎になった（のかもね）。

高度経済成長期に取り残され、振興策も失敗ばかり！

戦後復興期の島根県内では、第一次産業以外には繊維関連の工場ぐらいしか働き口がなかった。ただ、そうした繊維関連の工場も戦時中に軍事転換されていたために、縮小を余儀なくされた。産業育成を図ろうにも、資材不足や資源不足などによって、新たに工場を設置することもままならず、地元の有力者たちが材木関連の工場や、刃物や伝統工芸などの産業に力を注ぐしかなかった。

こうした流れは高度経済成長期に入っても変わらず、設備の近代化や工業化に失敗。投資は都市部に集中し、陸の孤島だった島根県は完全に置き去りにされた。１９５１年、島根県は工場設置奨励条例を施行するなど、産業振興に力を入れていたが、県財政がひっ迫していたためにわずか5年で廃止。唯一、誘致に成功したの日本製鋼所のみと、結果は乏しかった。

まったく製造業が育たなかったために、貧しい県民たちは仕事を求めて、続々と島根県を後にした。頼みの綱であった農業振興を狙ったこともあったが、輸入食品の台頭により、国産食材は苦戦を強いられていた。浜田市や江津市などで、水産加工工場ができ、缶詰は全国トップクラスのシェアを誇ったが、局所的に好調な企業が登場しただけで、大規模な雇用促進とまではいかなかった。

こうして、島根県に残された産業面の希望は、石見銀山や出雲大社などの資

県の福祉拠点はいきいきプラザ島根。高齢化は今もとくに重要な問題となっており、福祉関連施設の拡充が進んでいる

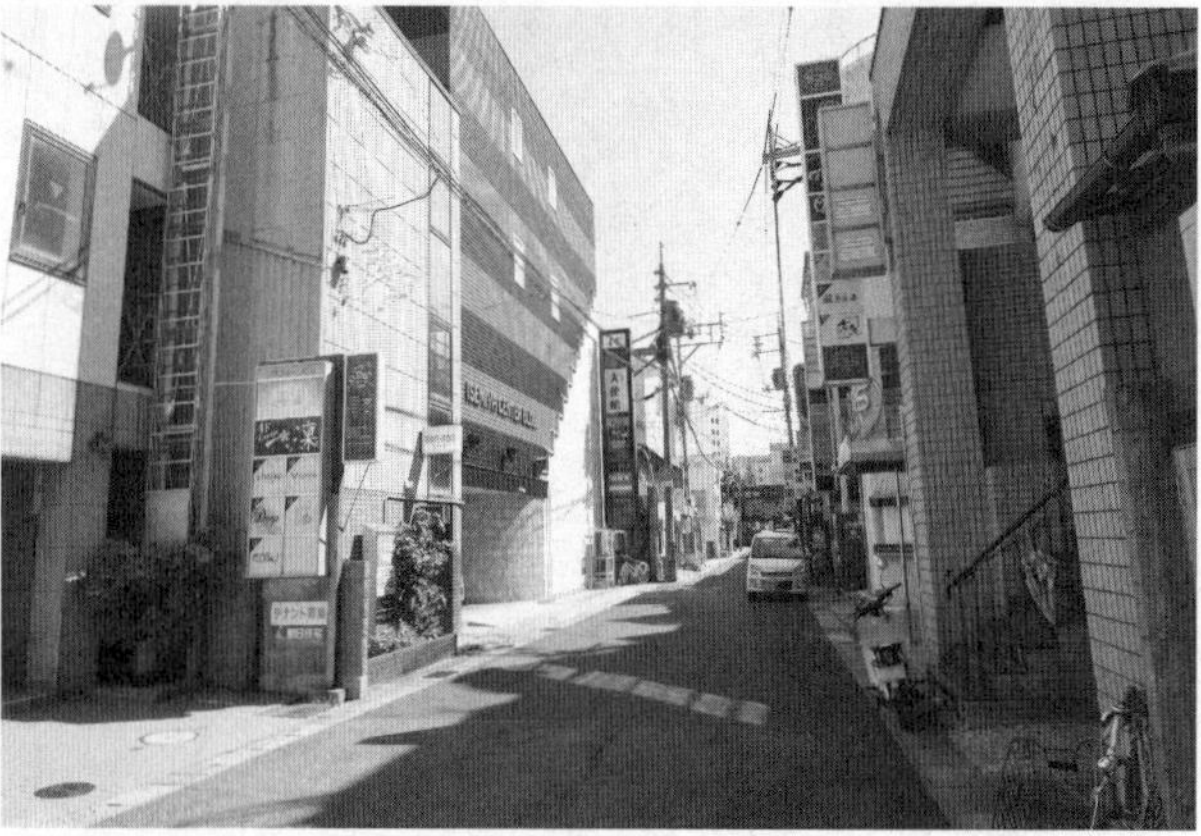

伊勢宮町など、松江駅周辺には歓楽街もあるわけだが、商業都市としては大した規模にはなれなかったのが島根の苦戦を物語っている

源を活用した観光だけであった。１９８７年、当時の澄田知事は「リフレッシュ・リゾート島根」を宣言し、観光産業の振興を掲げた。だが、これは国による「リゾート法」を根拠にした政策であり、全国各地で一斉にリゾート開発が進んだのであまり意味がなかった。さらに、進出する企業が撤退してしまったことで、リゾート開発計画は完全に停滞した。その後リゾート開発計画はうやむやのまま立ち消えになり、その総括さえされることはなかった。

戦後の島根県は、高度経済成長期から取り残され、県の強みさえ見い出せず、少子高齢化の波に抗う術さえなく、「漂流」せざるを得なかった。他県民からはその存在すら忘れ去られ、鳥取県と間違われるほど、認知度も低下した。まったく注目されない〝日陰〟県となってしまったのである。

島根県コラム 1

偽書と揶揄された『出雲国風土記』

古代に栄えたといわれる出雲王朝が存在していた論拠となっているのが『出雲国風土記』だ。現存する各国の風土記のなかでも、もっとも完本に近いかたちで残されており、そのなかには『古事記』や『日本書紀』とは異なる視点での出雲神話が描かれていることから、とくに山陰地方の専門家たちによって、研究が進められている。

『風土記』は、日本最古の地誌とされており、713年に、各国の国司に対し、大和朝廷が編纂を命じた地方行政資料だ。執筆にあたったのは、中央から派遣された貴族や官吏、あるいは地元の豪族だとされている。ただ、『出雲国風土記』のみ、他国とは一線を画す内容になっており、その完成は全国でもっとも遅れたとされている。そのため、「この書物は、朝廷からの命令で作られたものではない」という見解もあり、一時期は偽書とまでいわれた。歴史家の間では『出雲国風

土記』に記された内容が、まったくのファンタジーだとする説もあるほどだ。

こうした風潮が強まったのは1970～80年代にかけてのこと。出雲神話を否定する論説が歴史家たちの間で強く支持されていた。そのなかでも有名なのが、宮城県仙台市出身で、のちに京都で日本史を研究した梅原猛の『神々の流竄』である。これは「出雲国＝ファンタジー論」と強く推した津田左右吉、西郷信綱らの歴史観を踏襲したもので、広く支持された。

その論を要約するとこうだ。出雲臣はもともと大和民族、出雲大社は大和民族によって建てられたもの、スサノオもオオクニヌシも大和を追放されて出雲に押し込められた神ということになる。

梅原らによる考察のベースになっているのは、「中央（ここでは大和政権）絶対論」ともいうべき、歴史を権力側から発想する論法である。そこには「出雲なんかに巨大王国があったはずがない」という地方を見下した価値観が根づいている。そのため、「出雲＝ただのド田舎だった」説を今でも推しているのは、京都や大阪をはじめとした関西の学者が多い。畿内を古代史の中心だと考えているので、出雲なんかに日本の起源があったら困るのである。

こうした考え方は、荒神谷遺跡や加茂岩倉遺跡で、大量の銅鐸や銅剣が発見されたことで、ようやく解消されつつあり、今では出雲国の存在や神話を否定する論調は下火になっている（今でも抵抗する学者もいるけどね）。

現在、『出雲国風土記』は、島根県だけでなく、当時の歴史を知るための国の重要な史料になっていて、だんだんと当時の出雲国が解明されつつある。今後、さらなる遺跡などが発見される可能性もあり、古代出雲は、いずれ島根県をブレイクさせる資源になりうるかもしれない。

第2章
複雑に分断されてダメダメ？問題が多すぎる島根の現実

少子高齢化に産業の空洞化 原因は無策で悠長な県行政

子供を育てられないのはビンボーだから!?

島根県は日本屈指の高齢化社会である。2015年の国勢調査によれば、65歳以上（老年）の人口割合は34・0パーセントで、秋田県（36・4パーセント）、高知県（34・8パーセント）に次いで、全国で3番目に高い。人口増減率はマイナス0・73で、こちらも全国ワースト11位。県の人口は1955年の約93万人をピークに、ほぼ一貫して右肩下がりになっている。2040年には人口は52万人、65歳以上人口割合は39・1パーセントにまで増加すると見込まれている。ご老人が多いとあって、県民の死亡率は全国で2番目に高い。地域別で見ると、やはり隠岐の島の各町村が断トツで高齢化が進んでいるが、安来市、

全国都道府県最低賃金ランキング

順位	都道府県	2019年	前年度比伸び率
1	東　京	1,013	2.8%
2	神奈川	1,011	2.8%
3	大　阪	964	3.0%
38	島　根	790	3.4%
45	宮　崎	790	3.7%
46	鹿児島	790	3.8%
47	沖　縄	790	3.7%
全国加重平均額		901	3.1%

※厚生労働省調べ

ドン詰まりの島根県経済と少子高齢化問題。島根の歴史を支えるオオクニヌシでも、問題解決は難しい!?

大田市、浜田市、益田市など、県内では比較的人口の多い市部でも、老年の割合は35パーセントを超えている。むしろ30パーセントを下回っているのは、松江市と出雲市しかない。

高齢化に合わせて少子化も著しく進んでおり、0～14歳の人口割合はわずか12・5パーセント。県内に子供が9万人ほどしかいない。その上、15～24歳は進学や就職による転出率が高くなっており、年に1000人ほどの若者が故郷を後にしている。近年、転出数そのものは減少傾向にあるが、2015年を機に女性の転出が男性を上回るようになっているため、出生数も年々減少幅が大きくなりつつある。

さらに問題なのは、婚姻率が3・9と全国ワースト3位。島根県が行った意識調査によると、子供がいない理由として「子供を育てるのにお金がかかる」が46・7パーセントで最多。さらに、「仕事の両立が難しい」は22・2パーセントだったが、前回調査から11・4ポイントと大きく増加している。要するに、ビンボーで家計が厳しいので子供を育てる余裕がないのだ。

産業振興の無策が長年のツケとして回ってきた！

人口が増えない根本的な要因は、県内の職場不足にもあるだろう。島根県の経済センサスによれば、2016年の事業所数は3万5476で、前回調査の2012年から比べると1749の減少。その増減率は全国平均のマイナス3・3パーセントを上回る4・7パーセントにのぼっている。また、従業者数は29万5557人で、1499人も減少。女性はプラス773人と増加しているにもかかわらず、男性はマイナス3034人。女性の社会進出が進展していると見る向きもあるが、実態は男性労働者が高齢者ばかりで、年々退職者が増えているだけだという。ある松江市民によれば「島根県の企業は、今も終身雇用が常識。しかも農業とか漁業関係は定年があってないようなもんだから、亡くなる直前まで働いている人もけっこういますよ」とのこと。実際に65歳以上の就労割合は25・6パーセントで全国3位。就労者のうち4人に1人が高齢者なのだ。そのため、退職者数が年々増していくのも当然なのだ。

じゃあ、なんで女性の就業者が増えているかというと、ズバリ賃金が低いから。先の松江市民は、進学で東京に上京していたそうだが、「やっぱり全然賃金がちがいます。だいたい時給だと大阪と100円以上ちがう感じですね」とも話してくれた。島根県の2019年の最低賃金は790円で、全国最低レベル。大阪は964円だから、ちょうどこの男性の体感とほぼ一致する。さらに、賃金基本構造調査によると、島根県の平均給与総額は272・7万円で全国40位。それにもかかわらず、月間の実労働時間数は185時間で全国3位とかなり多い。働けど働けど金がたまらないので、結婚していたとしても女性はパートに出て、家計を支えなければならない。というわけで、女性の社会進出というよりは、稼がないと生きていけないという切実な理由が見え隠れする。

第1章でも触れたが、島根県の産業不足は今に始まったことではない。戦後から何度も産業振興に力を入れてきたが、高規格のインフラがないというデメリットがもろに影響して、ほとんど企業誘致は進まなかった。地元有力者たちがあれこれと起業したりもしたが、かつての名家も時代を経るごとに、年々先細っているので、今となっては将来的な投資に力を入れる体力がない。

さらに、問題なのは県の産業振興策が、現代に至るまで右往左往し続けてきたことだ。たとえば、隠岐の島では漁業を中心にして、水産加工工場などがあったが、80年代に島の産業の方針を観光へと大きく舵を切った。漁業関係者などは軒並み民宿経営などに転職したが、平成に入って不況感が強まると、観光客が減少。民宿が立ち行かなくなると、産業の空洞化が進んでしまった。

強みだったはずの農業や漁業も、ほぼ無策で、民間の努力に任せるばかりだった。近年になって、ようやく浜田港で揚がるアジ、ノドグロ、カレイのブランド化を進めているが、これがまたチグハグ。どれもウマいのは間違いないんだけど、最近になってブランド化したばかりだから、実際に食べられる飲食店が少ない。まあ、ノドグロなんかは高級すぎて、なかなか手が出ないしね。

農業や林業はすでに後継者不足が深刻で、今からV字回復を果たすのはなかなか難しいだろうし、工場などの企業誘致も脆弱なインフラゆえに頭打ち。人口減少の根本的な問題は、出雲の神々でも解決するのは難しいかも!?

島根アイデンティティが育たない！分断され続けてきた旧3国の人種

旧3国で微妙にちがう人種

第1章でも述べたように、島根県は出雲、石見、隠岐の旧3国から成り立っている。このように旧国同士が、廃藩置県によって1県にまとめられた都道府県は全国にも多い。たとえば、兵庫県はもともと播磨、丹波、摂津、但馬、淡路の5カ国に分かれており、それぞれ文化や風土、風習が大きく異なる。そんな昔のことが現代人に関係あるのかと思うかもしれないが、県民性などの研究では、旧国制の慣習や風土などが気質に与える影響を指摘しているし、実際に取材を通してみて、歴史をベースにした気質のちがいを強く感じることもある。あくまで全国各地を取材してみた私見ではあるが、現代まで受け継がれる慣習や気質には、ことさら江戸時代の藩によるちがいが色濃いように思う。

島根県にかぎっていえば、古代より旧3国は、ほぼ分裂することなく、地域性を維持したまま現代に至っている。出雲は、松江藩に名称が変わっているが、その地域区分はほぼ同じ。広瀬藩と母里藩もあったが、これはあくまで松江藩の支藩であり、慣習などに大きな差はない。

一方、石見は浜田藩と津和野藩に分かれたため、それぞれの地域で気質などに若干の差が見られる。たとえば、漁業をメイン産業にしている浜田はやや荒っぽい漁師気質の人が多いのに対し、津和野は牧歌的な山間にあるため、やや閉鎖的ではあるが、穏やかな気質が育まれている。そもそも石見は、古代から統一されていたわけではなく、小さな勢力が勃興を繰り返してきたため、出雲よりも人種の地域差は大きい。

逆に、隠岐は離島がゆえに、出雲や石見に比べて独自の統治機構が敷かれてきた。やや出雲地方に近いが、それでも本土の住民とは異なり、どちらかといえば漁師にありがちな情熱的な一面が強い。住民同士の団結力が強く、お上の圧政などに対しては、最後まで戦い抜く熱さも持ち合わせている。島根県のなかでも隠岐は、やや特殊な人種といってもいいかもしれない。

出雲VS石見という対立構図は本当にあるの？

ネット上では「出雲と石見は仲が悪い」などと言われることがあるが、実際に現地で話を聞いてみると、老若男女を問わず「そんなことはない」と言う。ただ、両者ともに気質のちがいは実感しているらしい。益田市民が「出雲は上品で寡黙な人が多い気がする」と言えば、松江市民は「石見はこっちよりも関西っぽい」と言う。筆者の私見では、石見の方がオープンで直情的で、出雲の方が穏やかでプライドを隠し持っているように感じた。出雲は明治以降、島根県の政治的中心地だったし、歴史的遺構も多い。地元に誇れるものが多いため、ややプライドが高めなのだろう。ただ、無用なライバル意識は存在せず（多少はあるにしても）、仲が悪いというウワサ話は、中世に尼子氏と大内氏で覇権を争った歴史に由来しているのだろう。確かに、歴史が気質に与える影響は大きいが、単純な対立構図を現代に当てはめると誤解を生じかねない。島根県に

出雲市内で取材した県民は、石見に比べてやや冷たい印象を受けた。根は悪い人じゃないんだろうけど、石見よりシャイなのかも

隠岐は、夏には渇水しやすく、冬は激しい季節風が吹きすさぶ。厳しい気候条件ゆえに住民同士の互助精神が育まれている

は旧3国間による対立意識は、さほど残っていない。

自然や政治で分断され各地域は独立性が高い

ただ、旧3国に島根県としての団結心があるかといえば、案外そうでもない。というのも、県域の約78パーセントが森林や山地で、松江市や出雲平野部以外に居住できる土地が少なく、地域間が自然によって分断されている。とくに石見は、ほとんどが山間部にあり、浜田や益田以外の自治体へはアクセスが非常に悪い。三江線などは難工事が多すぎて、開業から全通までに45年もの時間を要したほどだった。

また、政治的な理由でも島根県の各地域は分断された。たとえば、出雲と石見は、江戸時代に石見銀山という天領を挟んでいたため、それほど盛んに交流することはなかった。むしろ、日本海水運を利用して、出雲は東北、石見は南九州の商人が頻繁に出入り。島根県内でいち早く市場ができたとされる温泉津は、定期市が開かれ、商人たちの街として発展。朝鮮半島や大陸との交易も盛んに行われ、浜田などでも港湾都市が築かれていったという。そのため、浜田や益田といった石見の都市部の人の方が、松江や出雲よりも商売っ気がやや強く感じるのは、こうした歴史的経緯が関連しているのかもしれない。

一方、奥出雲の人は、たたら製鉄や水田などの農業が基本で、日本海側とはまったく異なる暮らしを送っていた。完全に閉ざされた農山村地域を形成しているので、他地域との交流はほとんどなく、今も独立した農村地帯としての慣習が色濃く残されている。84頁でも詳述するが、現代に至るまで整備が行き届かない交通インフラも、各地域を分断する原因にもなっている。

そのため、同じ旧国の域内にあったとしても、独立したエリア同士の結びつきは弱い。ましてや島根という県名は、明治以降に初めて使用されたこともあって、なじみが薄い。というわけで、島根県民は今も古くからの地域区分で意識が分かれており、それほど〝島根〟に深い愛着を感じていないのである。

全国一火事が起きやすい島根　ちょっと意外な出火原因とは？

出火率が全国最多なのに県の対策は……

２０１９年５月、緑豊かな棚田が広がる吉賀町で大規模な火災が発生した。全体の焼失面積は計２１０・８平方メートルにのぼり、全焼15棟、半焼１棟、部分焼３棟、ぼや程度３棟と被害は計22棟にも及んだ。その後、町内外から５００人以上ものボランティアが瓦礫の撤去などに参加するなど、美談として記憶に残っている人も多いかもしれない。

意外かもしれないが、島根県は火災が多い。人口１万人当たりの出火率は４・４７件で、全国で最多（２０１８年）。全国平均の２・９７を大きく上回っている。出火率のランキングは年ごとに大きく変動するが、何も２０１８年だけのことではなく、島根県は常に上位に食い込んでいる。日本屈指の〝ファイヤー県〟なのである。

これだけ火災が多いことを、県民に投げかけてみたのだが、「聞いたことない」という答えしか返ってこない。まあ、人口が少ないから、相対的に人口当たりの出火率が高くなりやすいという傾向はあるだろうし、もしかしたら島根県民はちょっとやそっとの火災には慣れっこなのかもしれない。

それならばと、県行政が何らかの対策を取っているかと思い、県庁の資料などを探してみたが、こちらもまったく見当たらない。出火率が多いというデータだけを指標として公表しているだけである。他県であれば、事件や事故などが全国ワーストになると、地元新聞などで分析記事などが掲載されることが多いが、山陰中央新報には火災発生の報道以外にめぼしい記事は見当たらない。行政もマスコミも、出火率の高さを気にしている様子はなさそうだ。百歩譲って地元マスコミが報じていないのはわかるが、せめて行政は、もうちょっと具体的な対応策だったり、火災が起きやすい傾向などを分析していてもいいと思う。何につけても、島根県の行政は悠長というか、積極的に向上していこうという気概に欠けているように思えてならない。

ほとんどの出火原因は農忙期の「野焼き」だった!

というわけで、県内9カ所に設置されている各消防本部が毎年公表している『消防年報』をもとに、島根県の火災について独自に分析していきたい。この『消防年報』は、各団体が独自に統計をまとめているため、記載されている数値が微妙にちがう。本項のテーマでもある出火率を掲載しているのは、安来市消防本部のみ。しかも、人口2万人当たりの数値なので、県が公表していた先の数字と基準さえ合っていない。この辺の統一感のなさも分析がうまく進まない要因なのかもしれない。

さて、2018年に火災の件数がもっとも多かったのは、当然人口が集中している松江市(60件)。次いで、出雲市(44件)、浜田市(37件)と続く。ちなみに、各消防本部は、管轄する周囲の町村なども含んだ数値である。単純な出火件数は、ほぼ人口に比例しているため、傾向まではハッキリとしない。

島根県の火災データ（2017年）

年度	出火件数				
	総数	建物	林野	船舶・車両	その他
2013	378	154	47	21	156
2014	319	129	38	23	129
2015	293	138	16	25	114
2016	256	127	28	25	76
2017	294	122	28	24	120

年度	損害額(千円)					
	総額	建物	林野	船舶・車両	その他	爆発
2013	584,138	548,630	737	22,658	12,098	15
2014	896,101	862,992	450	24,400	5,097	3,162
2015	542,319	530,264	71	5,835	2,246	3,903
2016	567,354	550,065	819	14,458	1,730	282
2017	409,821	395,988	469	10,422	2,942	-

※島根県統計書より作成

次に、出火原因に注目してみると、若干の地域差があることがわかる。消防庁の統計によれば、出火原因は「たばこ」「放火」「こんろ」の順に多い。この傾向と似ているのが松江市で、「たばこ（8件）」が最多となっているが、「放火（1件）」は最少だった。一方、そのほかの地域は、全国的な傾向とは異なり、最多の出火原因が「たき火」となっている。しかも、ほとんどで圧倒的な数値をたき出しており、江津市消防本部では実に35パーセントが「たき火」である。しかも、総じて5〜8月にかけて「たき火」による火災の発生が多くなっている。つまり暖をとったり、イモを焼いているわけではない。ここまで言及すれば、だいたい想像がつくかもしれないが、島根県内の火災の大半は、農家などによる「野焼き」であると容易に想像がつく。

筆者も農村部などを車で走らせている途中、ときどき野焼きをしている光景を目の当たりにしたが、島根県の農家ではごく一般的に野焼きが行われている。とくに5〜8月は、田植えや稲刈りの準備をする時期にあたり、ごみが出やすい時期でもある。こうした野焼きが想定外に広がって、思わぬ火災事故を生じさせてしまうのだろう。ましてや島根県の水田は、山あいに広がっていることも多く、火の粉が山林などに燃え移るケースもある。

廃棄物処理法によれば、農家による野焼きは例外として認められており、決して違法ではない。「たばこ」の不始末ではなく、「野焼き」の不始末が火災につながっているのだ。

ただ、こうした風習が今でも色濃く残っているためか、庭などにドラム缶を置いて家庭ゴミを燃やすご老人がいるのも事実。県に、隣人による家庭ゴミの焼却に対するクレームなどが寄せられていることからも、農村部ではけっこうありがち。よくも悪くも島根県って、昔ながらの風習が強いんだなぁとしみじみ感じてしまう。県行政が対策を取らないのも、「野焼き」なら仕方がないとあきらめているからなのかもね。

鉄道もバスも道路もダメダメ 貧弱すぎる交通インフラ

公共交通だけで生活するのはほぼ不可能か

島根県全域を取材するにあたって、今回は松江で格安レンタカーを借り、東西を横断することにした。そもそも島根県内を巡るためには、電車は不向きすぎる。取材のために松江駅から益田方面行きの山陰本線に乗ってみたが、そもそも松江駅を発着するのは1時間に3本ほど。しかも、その多くは出雲市駅までで、12時台なんて西出雲までしか行けない。益田駅までの終電は、19時13分発のスーパーまつかぜ9号が最終だ。もし仮に益田から松江まで通うサラリーマンがいたとしたら（ほとんどありえないけど）、オチオチ残業もしてられないし、仕事終わりに軽く一杯引っかけることさえできない。

南北の移動ともなると、出雲地方と石見地方にそれぞれ路線が1つずつしかなく、鉄道移動はほぼ不可能。木次線は宍道駅から奥出雲駅を結んでいるからまだいいものの、山口線は県内では津和野駅と益田駅間しか走っていない。ほぼほぼ山口県との交流路線としての意味合いが強く、生活の足としての利便性はほとんどないと言っていい。

島根県内を公共交通で移動するなら、電車ではなくバスが基本になる。だが、出雲地方こそ一畑バスやコミュニティバスが充実しているものの、大田市以西はほぼ石見バスしかない。しかも、このバスのダイヤが実に心もとない。たとえば、江津駅から発着するバスは、江津川本線（江津高校前～石見川本）、周布江津線（周布～温泉津温泉口）、大田江津線（大田市立病院前～済生会病院）、波積線（済生会病院～大家）、有福線（周布～嘉戸塩田口）の5系列。そのうち、もっとも充実しているのが周布江津線。朝6時40分の始発から、19時ちょうどの終発まで、1時間に約1～2本ずつ走っている。しかし、それ以外の4系列は、2時間に1本走っていればマシなほうで、有福線なんて1日に4本しか発着しない。島根県を公共交通で移動しようとすると、バスと電車の時刻表をじつくり眺めながら、緻密な計画を立てなければならないのだ。公共交通で取材をしていたら、いつまで経っても終わらなかったはず。というわけで、車移動を選択したのは、我ながら英断だったと今でも思っている。

いったいいつになったら山陰道は全通するの⁉

都市部では環境問題などの影響から、モータリゼーションを悪とする傾向が強まっているが、ハッキリ言って島根県で生活をするなら車は不可欠。東京の自動車利用率は30パーセント前後だが、島根県は約97パーセントにも及ぶ。それもこれも公共交通がほとんど機能していないからだ。よく都市部の立場から地方を語るコメンテーターがいるが、ハッキリいって地方の実情をまったく理解していない。実に迷惑な話である。

それほど車依存が進んでいるにもかかわらず、島根県の道路網はかなり貧弱だ。たとえば、道路がきちんと整備されているかを示す指標として改良率が挙げられるが、県内の改良率は64・7パーセント。全国平均は73・8パーセント、中国5県でも68・5パーセントだから、いかに島根県内の道路整備が遅れているか一目りょう然だ。実際、国道を外れた県道などでは、時折ボコボコ道もあったりしたし、山間部では極端に細い道に迷いこんだりもした。

一般道のみならず、高速道路の整備状況もまだまだ。とくに深刻なのは国道9号に沿って建設が進められている山陰道だ。総延長380キロのうち、供用区間は45パーセント程度。島根県内では、おそろしいほど途切れ途切れになっている。まだ調査にすら着手できていない区間さえあって、全線開通のメドはいまだに立っていない。

しかも、山陰道は、本来の高速道路である「高速自動車国道」の区間は、松江玉造ジャンクション〜出雲インター、浜田ジャンクション〜浜田インターの2区間のみ。それ以外は一般国道の自動車専用道路。しかも、松江玉造ジャンクション〜宍道ジャンクションは松江自動車道、浜田市の区間は浜田自動車道が路線名となっていて、全体のうち独自の高速道路として整備されているのはほんのわずかしかない。現在、途切れている区間は6つもあり、松江から益田まで行こうとすると、高速道路区間と一般道路区間を何度も出入りしなくてはならない。西側は一般国道でも空いているのでまだマシだが、出雲市内の空白区間は、朝夕には渋滞することもある。実際に運転した身からしてみれば、これが何ともいえずストレス。まあ、ほとんどが無料区間だから、お財布にはいいんだけど、高速に乗ったり下りたりするときの、大カーブとかがけっこうめんどくさいのだ。

これには、地元住民も辟易としているようで、「車道は少なくてもいいからせめて1本でつなげてほしい」「この道路がつながらないと、観光客を呼び込めない」など、県内のあちこちで不満の声が聞かれた。地元の有力者たちも「山陰自動車道建設促進島根県民総決起大会」を毎年開催して、政府に対して早期実現を訴えているが、まだまだ先行きは不透明だ。

今から公共交通機関を整備するのには時間も費用もかかりすぎるし、県民が完全なモータリゼーションなのだから道路整備は超重要課題。国の方針も絡んでくるので、早期実現は難しいのかもしれないけれど、何とか早く全通してほしいものである。

島根県の道路整備状況

県内整備状況				
	路線数	実延長(km)	改良率(%)	舗装率(%)
高速道路	4.0	130.2	100.0	100.0
一般国道	249.0	3,463.8	69.1	71.7
県道	236.0	2,498.3	59.6	62.9
市町村道	35,187.0	14,686.2	55.2	10.4
総合計	35,440.0	18,280.2	58.1	22.7

改良比率			
	島根県(%)	中国5県(%)	全国(%)
高速道路	100.0	100.0	100.0
一般国道	93.4	94.9	92.7
県道	59.3	63.0	70.4
市町村道	55.1	54.4	59.1
総合計	58.0	58.0	62.1

※島根県道路建設課（2019年）

教育レベルが最低ランクなのはヤンキーの多さが原因なのか

家庭でも学校でも冷え冷えしている教育熱

これまで本書シリーズでは、各都道府県の教育の実態を各種データや地元住民の証言をもとに検証してきた。取材の出発点は、基本的にデータからだが、今回はたまたま個人的な知り合いに松江出身者がいたので、事前に話を聞いてみたところ、なかなか興味深い話を聞くことができた。

「それほど教育レベルが高いってことはないと思います。僕の知りうるかぎりでは、ガミガミ言う親も少なかったですし。高校は、松江北とか出雲は名門ですけど、それ以外はどこも中から下ぐらいのレベルで、大学進学よりも就職する人の方が多いですよ。まあ、けっこうヤンキーっぽいのも多いから、中学からガリガリ勉強するタイプはあんまり見かけないです」

この話を要約してみると、おもに①教育熱は高くない、②進路は大学よりも就職、③ヤンキーが多いの３点に集約できる。そこで、この証言をもとに各種データを検証しつつ、島根県の教育の実態をひも解いていきたい。

さて、まずは①。教育熱を推し量る指標のひとつに通塾率がある。学習塾の専門ポータルサイトが、全国学習状況調査（２０１８年）をもとに独自に算出した数値によれば、島根県の中学３年生通塾率は23・８パーセントで下から数えて５番目に低い。ただ、これだけで教育熱が低いとは言い切れない。なぜなら、一般的に教育県と呼ばれる秋田県は、同通塾率が17・６パーセントと島根より低いものの、公立学校での教育レベルが高いために、児童や生徒の学力が高いのだ。じゃあ、島根はどうなのよってことで、２０１９年の全国学力・学習状況調査の正答率を見てみると、島根県の正答率は62・25パーセントで、全国ワースト３位。全国トップの秋田県は69・３３パーセントで、７ポイント以上もの差をつけられている。島根県では塾に通わせる家庭も少なければ、学力を強力に押し上げるような学校教育も実施されていないようだ。ある浜田市民は「子供の頃は、勉強よりも遊びが大事！　友達をいっぱい作った方が楽しいし！」と断言。県の教育方針を見ても「島根を愛し　世界を志す　心豊かな人づくり」を掲げており、特別に学力を前面に押し出した施策を行っているわけではない。家庭の教育熱も低ければ、学校教育もごく一般的なレベルなので、子供は勉強よりも遊びなどを重視し、学力レベルは低迷しがち。何も悪口を言っているわけではなく、筆者も勉強よりも大事なことがあると考えているし、それで本当に「心豊かな人」になれるのなら問題ないとも思う。

②については、子供の頃から勉強に親しみがないので、大学進学率が低くなるのは当たり前。高卒者の大学進学率は46・7パーセント。全国で見ると34位だが、トップの京都府（65・8パーセント）に比べると、約20ポイントも少ない。そもそも県内の大学は、島根大と島根県立大の2校しかないし、進学するには島根を出るしかないので、むしろ「島根を愛し」という意味では好都合でもある。まあ、意図的に学力アップを狙っていないわけではないんだろうけど、勉強第一という考え方はまったくないといえるだろう。

校内暴力と不登校は全国トップレベル！

さて、最後に③の検証だが、残念ながらヤンキーの総数を示す統計データなどあるはずもない。ただ、それに近い指標のひとつとして、小中高の校内暴力の件数を調査してみた。すると、島根県は児童・生徒１０００人当たりで13・６件と全国トップ（２０１８年、青森県と同率）であることがわかった。ただ、子供が校内暴力に走るのには、さまざまな理由があるし、ヤンキーが多い理由にはならない。

もうひとつヤンキーに関連している指標が不登校だ。実は、島根県の不登校者は人口１０００人当たり19・８人と全国5位。何となくいじめや引きこもりなどをイメージしがちだが、不登校者のなかには学校をサボって、全然登校しないというワルたちも少なからず存在する。校内暴力と不登校の多さは、「島根県＝ヤンキー多い」説を、ある程度裏付けるデータと言えなくもない。しかも、島根県はいじめの認知件数が人口１０００人当たり37・１件と全国平均よりも少ない。つまり、いじめなどが原因で不登校になったというよりは、学校に来たくないから来ないというワル層が多いとも想定できる。

実際に、松江にはガラが悪いという有名な中学校もある。先の松江出身者によれば「最近はどうかわからないですけど、僕の時代はめっちゃ荒れてましたね。まず部活に入ったら終わり。必ずボスみたいなヤツがいて、気に入られたらヤンキーに引き込まれ、嫌われたらいたぶられる毎日になりますよ。だいぶ落ち着いたとは聞いてますけど、やっぱり今でもワルいってウワサがありますし、帰省すると夜の松江駅周辺でたむろしてるのを見かけます」という。

おそらく地元民なら、どこの中学かはおわかりだろう。まあ、ヤンキーは地元を離れないことが多いし、交友範囲も広がりやすい。そういった意味では「世界を志す」わけではないにしても、「島根を愛し」「心豊かな人」は育成できているのかもしれない!?

本文ではヤンキー話ばかりだったが名門もある。松江北高校（北高）は竹下登を始めエリートを多数輩出した上に甲子園出場記録もある

女学校を前身とする出雲高校（山高）も文武両道の名門校として著名。澄田信義元島根県知事や岩國、西尾元出雲市長もここの出身

島根県コラム 2

働く高齢者を称える「生涯現役証」

高齢化は、日本中が最優先で取り組まなければならない課題のひとつ。2025年には団塊の世代が75歳以上の後期高齢者となり、高齢者の5人に1人が認知症になると見込まれている。そのため、国も年金制度の受給年齢引き上げだったり、高齢者雇用対策などに乗り出していて、高齢者が働けるようなシステムづくりを急いでいる。

こうした政府の方針に乗っ取って、島根県でも高齢者が少しでも長く働けるよう「健康長寿日本一」を目指している。都道府県別の健康寿命ランキングを見てみると、島根県女性が75・74歳で全国5位となっているのに対し、男性は71・71歳で32位と平均以下。男性と女性で格差が顕著だが、とりあえず男性は10位以内、女性は1位を目指しているそうだ。そこで、県は「健康長寿しまね推進計画」を策定し、地域医療の格差是正、健康診断やガン検査の受診率の向上

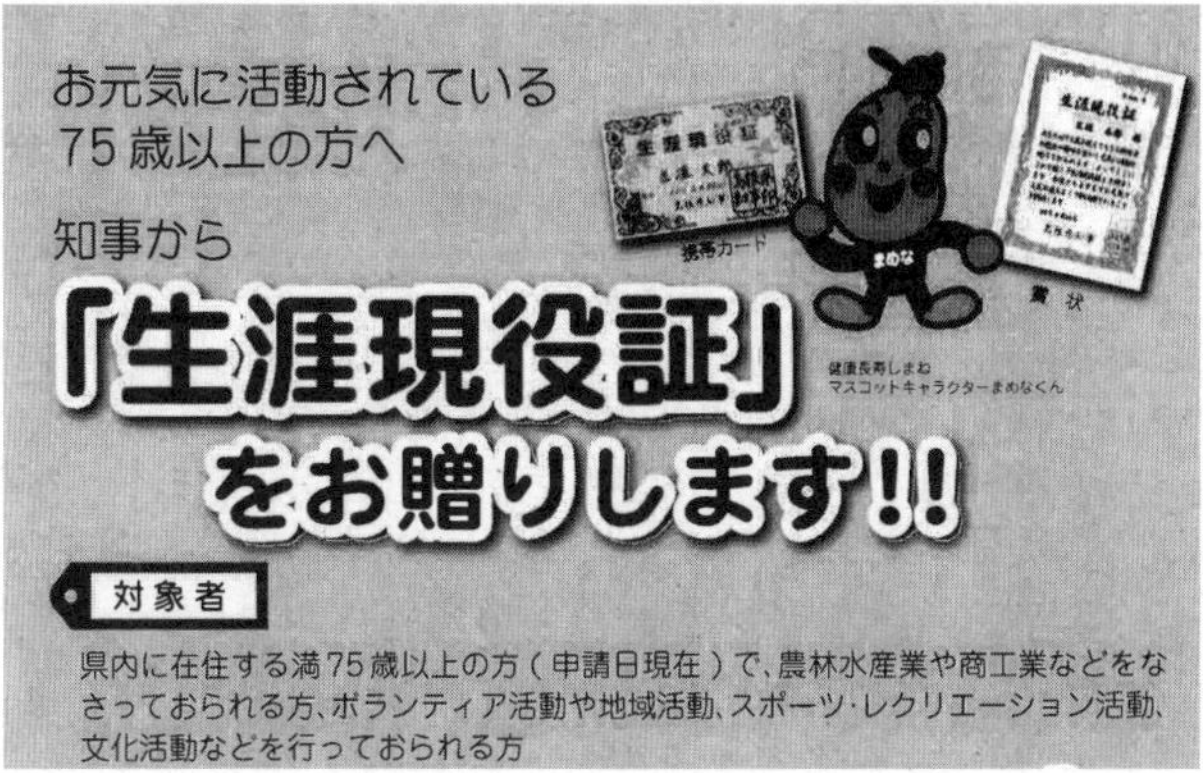
お元気に活動されている
75歳以上の方へ
知事から
「生涯現役証」
をお贈りします!!
生涯現役証
携帯カード
まめな
賞状
健康長寿しまね
マスコットキャラクターまめなくん
対象者
県内に在住する満75歳以上の方（申請日現在）で、農林水産業や商工業などをなさっておられる方、ボランティア活動や地域活動、スポーツ・レクリエーション活動、文化活動などを行っておられる方

などに取り組んでいる。

その一環として、75歳以上でも元気な高齢者に対して、県知事が「生涯現役証」を贈って激励するという事業を行っている。対象者は、県内在住で満75歳以上で、仕事に就いていたり、ボランティアや文化活動を行っていたりする高齢者。自己申告制で、認定されると賞状を携帯できるカードが配布される。

なんでわざわざ申請しなきゃならんのかと思うかもしれないが、実は認定されると協賛店でサービスが受けられるのだ。たとえば、おじいちゃんおばあちゃんが大好きなスーパー銭湯やホテル、生協、整体院、はたまたボウリング場まで、県内のあちこちで割引などの優待が受けられる。ちなみに、米子市の古着屋で利用できたりもするし、けっこうお得なカードなのだ。２００７年の事業開始から合計で認定者は３２７７人。一見するとしょうもない事業のように見えるかもしれないが、県民の認知度は案外高いそうだ。

県では、生涯現役をさらに浸透させるため、自治会などのコミュニティを活性化させ、高齢者同士のつながりを重視。地域コミュニティの旗頭となる人材を育てるための「シマネスクくにびき学園」なる高齢者向け大学を松江市と浜田市に設け、さまざまな講座を開設している。修学期間は約2年で、修了した高齢者はそれぞれの地域で、コミュニティの活性化に向けて、さまざまな活動を展開しているらしい。

全国でも屈指の少子高齢化県だから、シルバー人材をどう活用していくかは重要課題のひとつである。こうした取り組みが必要なのは明白だ。それにしても「生涯現役」って聞こえはいいけど、裏を返せば、死ぬまで働けってことだよね。まあ、高齢者が元気でいられることに越したことはないけど、受け取りようによっては、けっこう残酷なことを言っているような気もする。

第3章
いいんだか悪いんだかわからない松江エリアを覆う希望と懸念

すったもんだの平成の大合併で松江市と東出雲町が争ったワケ

念願の中核市へ移行して積極的に動き出した行政

2018年、松江市はついに悲願の中核市移行を実現した。何となく響きがカッコイイぐらいにしか理解していない人もいるかもしれないが、中核市に移行するメリットは意外にデカい。普通の市町村だと独断でできる行政サービスに限界があり、政策の根本的な事務は県が行うことになる。それに対し、中核市になると、約2000もの事務の権限が与えられることになり、市行政の自由度が大幅に拡大するのだ。たとえば、保健所の設置や飲食店や旅館等の営業許可、ごみ処理施設設置の許可なども、これからは県を通せずに行えるようになる。この機能をうまく利用すれば、住民の要望をより迅速に実現することができる。中核市というのは名前だけではないのだ。

じゃあ、中核市に移行して、松江市が何をしたいかといえば、「住みやすさ日本一のまち」「健康寿命日本一のまち」「中海・宍道湖・大山圏域の発展に貢献」の3つ。さっそく設置したのは松江市独自の社会福祉審議会。これは、子育て支援策や障がい者・高齢者福祉、自死対策などを協議する専門家会議のようなもので、2018年以降、福祉に関する実態把握調査などを積極的に実施するなど、これまでにないほど積極的に動き出している。そのほか、2018年から松江保健所を県との共同設置にするなどして、松江市の権限を強化。奇しくもコロナ禍が発生する2年前から、感染症対策を打ち出していたりもする。これらはすべて中核市移行を出発点としており、これまで緩慢だと指摘され続けてきた行政にも変化の兆しが見えてきた。

ただ、「中海・宍道湖・大山圏域の発展に貢献」については、地道に圏域内企業の商談件数を増やしていたりもするが、そもそも外国人観光客をターゲットにしていたこともあり、大きな結果にはつながっていない。子育て支援事業にしても、新たな支援策を打ち出しているわけではなく、基本的にはこれまでの行政サービスを継承しながら、充実を図っているにすぎない。中核市移行から早2年。政策を実行するのに時間がかかるのはわかるけど、もう少し目に見える結果を出さないと、また市民からトロいとお叱りを受けかねない。

東出雲町との合併は鳥取市に負けたくなかっただけ

ただ、是が非でも中核市に移行したかったのは、行政上のメリットではないという。ある松江市民は「プライドだよ、プライド。中核市が鳥取県にあって、島根県にないってんじゃ納得いかなかったんだよ」と断言。長く松江市に住んでいる人にとっては常識だという。

そもそも松江市が中核市に移行できたのは、紆余曲折を経て2011年に東出雲町と合併できたことが大きい。すでにご存知の県民も多いだろうが、問題の根本を探るためにも改めて合併までの経緯を辿ってみよう。

時はさかのぼり、2001年。国の大号令によって、地方では市町村合併が相次いだ。いわゆる平成の大合併である。全国で一大ムーブメントが起きたが、どこの都道府県でもすったもんだの揉め事が絶えなかった。島根県では、昔ながらのつながりが強い地域同士での合併が図られたが、隠岐のように合併そのものが破談に終わったところもあり、各地域での合併協議はそれほどうまくいったわけではない。松江市もその例に漏れず、当初は松江市と八束郡8町村（東出雲町が属した郡）との合併を模索。しかし、２００２年11月に松江・八束合併（法定）協議会を設置した際、東出雲町は不参加を表明した。２００３年８月に東出雲町では、住民投票が行われ、合併反対が過半数を占めた。その後に行われた町長選挙においても、単独町制を叫ぶ町長が当選した結果、東出雲町は事実上単独町制を進めることが決定した。当時の東出雲町長は「人口も増え、元気な町だから合併の必要なし」と判断したそうだ。

これにブチギレたのが、松江市の松浦市長（6期目で２０２０年8月現在現職！）。「単独でいくなら、消防も介護もゴミも絶対に松江市を頼るなよ！」という趣旨の発言をして、完全にケンカ状態になった。ここまで松浦市長がキレた理由は、東出雲町が合併から離脱すると、中核市に移行できる条件の人口20万人に達しないからだった。当時、山陰地方で人口20万人を超え、特例市（現在は廃止され、中核市に含まれる）に指定されていたのは鳥取市だけ。要するに都市のランクで、鳥取市に劣ることが我慢ならなかった松浦市長は、合併のチャンスをふいにはしたくなかった……というのが見立てである。

建前上、東出雲町が合併に反対した理由は、独自の町政がとれなくなり、市民への行政サービスが滞るというものだったが、実態はちがう。２０１１年の合併後、東出雲町の議員数は16人から２人に減らされている。合併反対運動を先導したのは、某左翼系政党。要するに某政党の活動基盤がなくなることを恐れて、何としても合併したくなかったのだ。

しかし、東出雲町にはゴミ処理場がなかったりして、もともと松江市への依存度が高かった。それにもかかわらず、松江市に見限られたことで、町民の生活は不安定になり不満が爆発。次第に合併賛成派の声が大勢を占めるようになった。こうして２０１０年5月、東出雲町で合併に関する住民投票が行われ、賛成派が圧勝。晴れて現在の松江市が誕生した。松江市の野望と、東出雲町の迷走とが複雑に入り組んで、ようやく実現した中核市なのだから、ここに満足することなく、そのメリットを最大限に活用してほしい。

松江は知名度はあっても実際はかなり小規模な街。それは松江駅がその「格」に対して小さすぎることからもわかるというものだ

東出雲町との合併で、ようやく中核市へと移行した松江市。今のところ、目に見える結果は出ていないようだけど大丈夫？

暮らしやすさ日本一なのに素直に喜べない松江市民の本音

「暮らしやすさ」と「住みよさ」で評価が全然ちがう

かつて松江市は日本一暮らしやすい街と呼ばれたことがある。2015年に経済産業省が開発した「地域の生活コスト『見える化』システム」で算出した結果、松江市が日本一になったのだ。これには松江市も大喜びで、今でもホームページ上に「暮らしやすさ日本一！」というページがある。中核市移行の際に「住みやすい街」を大々的に掲げたのは、おそらく2015年の高評価を受けてのことだろう。

今でも行政が盛り上がっているのに対し、松江市民からの評価はけっこう冷ややかだ。いわく「単なる移住促進のコマーシャルでしかない」ということだった。当の経済産業省によれば、「当システムは、移住を検討する方々にお使いいただくことや、地方自治体などの移住促進を担当する方々が移住促進戦略を策定するためにお使いいただくことを想定しています」と証言。そのため、22項目の暮らしやすさ指標のなかには、「周辺での緑（農地や森林）の多さ」「空気のきれいさ（大気汚染物質の濃度）」「水のきれいさ（名水・湧水の有無）」など、地方都市が有利になる項目が含まれている。

さらに、このシステムには、年代や移住志向などを入力する項目があり、松江市が1位になるのは、年代は「40代」、移住志向は「郊外・農村志向」、属性は「夫婦と子供」と入力した場合のみ。たとえば、移住志向を「利便性」に変更すると、トップになるのは石川県野々市市となり、松江市はトップ10にすら入らなくなる。このように、システムの構成上、たまたま全国一になっただけなのだ。本当の暮らしやすさを反映しているといえるかどうか疑わしいという検証が、ネットニュースなどを中心にして駆け巡り、松江市民も「やっぱりな」と意気消沈してしまったというわけだ。

じゃあ、より信頼度が高いとされている東洋経済新報社の「住みよさランキング」での松江市の順位はと言うと、全国で269位。県内8市のなかでも4位とあくまで中程度。県内トップの出雲市は132位だから、けっこう引き離されている。経済産業省の指標と比べても、東洋経済のほうは63項目にもなり、よりデータに忠実なランキングとなっていることから、やっぱり全国一「暮らしやすい」というのは、なかなか無理がある。市民からも「ガソリン代が高い」「仕事がない」「給料が安い」「遊び場が少ない」「車がないと生きられない（県内共通だけど）」などの声が挙がったそうだ。

卑屈になる必要はなし！　地方都市としては完成度が高い!!

ただ、そんなに卑屈になるほど、松江市は暮らしにくいのだろうか。街を散策して感じたのは、松江駅前から観光地や市街地までが、かなりコンパクトにまとまっていて、少なくとも「車がないと生きられない」というほど、街のつくりが悪いとは感じなかった。ショッピングなら一畑百貨店まで松江駅から徒歩1分ほどだし、イオンも徒歩5、6分とけっこう近い。橋北の東本町や橋南の伊勢宮町周辺には、歓楽街が広がっており、居酒屋やスナック、キャバクラなど、大人なら「遊び場」に困ることは少なそうだ。さらに、松江城周辺は県庁を中心とした官庁街、松江しんじ湖温泉駅周辺はマンションやホテルなど、それぞれのエリアで役割が明確に分かれていて、目的に合わせた利用がしやすく、宍道湖を眺められる公園には、ファミリー層が幸せそうに休日を過ごしていた。

公共交通網も松江市内にかぎっていえば、けっこう充実している。鉄道は山陰本線に木次線、一畑電車などが市内を巡っているし、市バスに一畑バス、コミュニティバスなどが循環して、各団地との動線も万全だ。さらに、先に触れた経済産業省の指標では、「バス停までの距離」という項目で全国トップ。バスと電車で十分に生活できる環境がそろっている。

また、「仕事がない」とよく言われるが、これはまったくの誤解だ。2020年7月現在の松江市の有効求人倍率は1・63倍。県平均の1・44倍、全国平均の1・08倍と比べてみても、かなり高い数値を記録している。ちなみに、同年同月の島根県の有効求人倍率は、福井に次いで全国2番目に高い。島根県は仕事がないどころか、求人であふれ返っているといえるだろう。確かに給与が低いのは事実だが、家賃などといった生活にかかる経費が安いので、生活が苦しいというわけではない。むしろ何としてでも高い家賃代だけは稼がなければならない都市部に比べれば、生活には余裕があるはずだ。

これらのことからも、松江市の暮らしにそこまでの不便があるとは思えない。むしろ地方都市としての完成度は高いレベルにある。それでも市民から不満の声が挙がるのは、どうも松江をはじめとした故郷に対して、自虐的になりすぎているからだと考えられる。そのため、曲がりなりにも「暮らしやすさ日本一」の称号を与えられたというのに素直に喜べないのだろう。松江市民は、あんまり卑屈にならず、もっと自信をもっていいと筆者は思うが、単なるヘソ曲がりな人たちなのかもなあ。

ちょうど週末に訪れたため、イオンモールの駐車場にはひっきりなしに車が乗り入れていた。松江市民の生活の中心はここだ

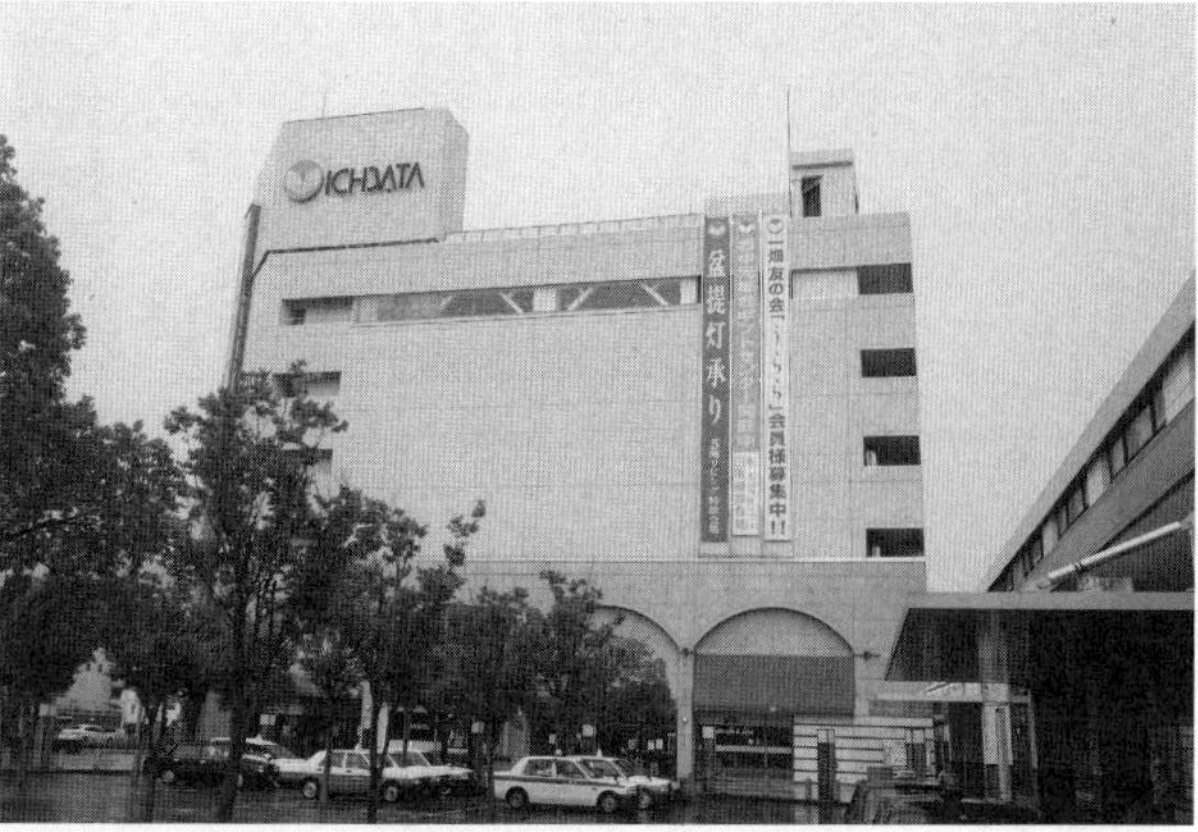

地域を代表する一畑百貨店は駅チカで使い勝手もいい。島根が百貨店のない都道府県にならないのは一畑のおかげでもある

松江のIT企業誘致は絶好調！未来はシリコンバレーか!?

超有名プログラマーとの偶然の出会い

島根県は、どの都市も戦後から長らく産業の空洞化に悩まされてきた。高度経済成長期から取り残され、交通インフラの不備から企業誘致もいっこうに進まず、若者は魅力的な仕事を求めて県外に転出してしまうという典型的な地方の悪循環に陥ってしまった。島根県が抱える少子高齢化の問題は、元をただせば県内に魅力ある企業が育たなかったことにある。

比較的人口流入の多かった松江市は、90年代まで人口が増加基調にあった。しかし、00年代に入って人口減少に転じたことで（旧市域）、早急な対策を打ち出す必要性が生じた。そこで、松江市では企業誘致を加速し、より若者の定住化を促進しようと考えた。

　だが、陸の孤島ゆえに企業誘致が困難なのは、市職員も承知していた。そんな折、当時の産業経済部長が偶然読んでいた雑誌で、とある人物が松江市に住んでいることを発見。すぐに市長へと報告したそうだ。

　その人物は、まつもとゆきひろ。世界的に広く使用されている国産のプログラミング言語「Ｒｕｂｙ（以下ルビー）」を開発したプログラマーである。ルビーは１９９５年に一般公開され、利便性や実用性が高い点が評価され、数々のアプリなどにも使用されている。有名なところでは、動画配信サイト「Ｈｕｌｕ」や、民泊サービスを提供する「Ａｉｒｂｎｂ」、多数のレシピを公開している料理サイト「クックパッド」などが挙げられる。

　そこで、松江市はまつもとに協力を要請。２００６年から「Ｒｕｂｙ ＣｉｔｙＭａｔｓｕｅ」をスタートした。当時の県知事も「田舎はクリエイティブな仕事に向いている」という理念を抱いていたため、県と市の共同事業としてＩＴ企業の誘致を積極的に進めていった。現在では30社以上の企業の誘致に成功し、約１５０人もの雇用を生み出している。

このプロジェクトの中心地となっているのが、松江駅南口にある松江オープンソースラボ。まつもとによる「エンジニア同士で交流できる拠点があったほうがいい」というアドバイスに従って、プロジェクトが立ち上がってすぐに開設された。誰もが自由に勉強会を開いたり、有志でプロジェクトを進める拠点になったりもしている。時折、まつもとが姿を見せることもあるという。

市職員のインタビューによれば、このプロジェクトが成功した理由に、県や市が同じ方向を向いたこと、さらに迅速に拠点整備をしたことなどを挙げているが、根本にはまつもとのカリスマ性がある。一般的にはあまり知られていないかもしれないが、海外プログラマーからはＭａｔｚ（マッツ）の愛称で親しまれ、ＩＴ業界ではその名を知らない人はいない超有名人。２０１２年には、内閣府から「世界で活躍し『日本』を発信する日本人」の一人にも選ばれていて、その頭脳に対する称賛は今も止むことがない。

そんなまつもとに憧れてプログラマーだったり、ＩＴ企業がどんどん松江市に進出するようになったのだ。今や「ルビーの聖地」とも呼ばれている。もし、産業経済部長が雑誌を読んでいなければ、決して実現できなかったプロジェクトだったのだ。ぶっちゃけ単なるラッキーでつかんだようなもんだが、これだけ成功しているのだから、たいしたもんである。

人材育成にも取り組み、将来性は日本屈指！

もちろんIT企業誘致に成功しているのは、プロジェクトを支えるためにさまざまな補助金制度を設けているという現実的な側面もある。「松江市IT開業支援支援事業費補助金」制度では、事務機器及び通信回線使用料、事業所（住居と併用しているものを含む）の不動産賃借料、航空機利用運賃、人材確保や育成に係る経費などを3年間を上限に補助している。これに県が実施する企業への補助金制度なども併用できるので、その支援はかなり手厚い。

また、「お試しサテライトオフィス」モデル事業もひとつの魅力。これは松江市への進出を考える企業にオフィスをお試し利用してもらうというもの。3種類あるオフィスの提供、参加する従業員への交通費、オフィス利用料、光熱水道費、オフィスのインターネット利用料、オフィス家具類、ウェブ会議用機器、市内移動用車両（リース・レンタル）など、すべてを松江市が負担する。お試しとはいえ、初期費用をほとんど抑えられるとあって、かなり魅力的。松江市の本気度がうかがい知れる。

さらに、松江市ではルビーを利用して、新たな人材育成にも取り組んでいる。2016年から、小学生向けにNPOが主催するルビーの体験教室を開催したり、中学校では技術家庭科の授業で必修カリキュラムにもなっている。また、校外でもルビーを学習できるように、夏休みと冬休みに中学生向けの教室を開催。毎年応募者数は定員を超えており、これまでの参加者数は292人にも及んでいる。こうした活動は地道かもしれないが、地元でITに強い人材が育てられれば、新たな起業にもつながるだろう。

コロナ禍の影響もあり、東京ではテレワークが加速した。IT企業ではないが、パソナが兵庫県の淡路島に移転することを決めたりもしている。このままテレワーク化が進み、東京の企業による地方進出などが進めば、松江市が日本のシリコンバレーになる可能性もある。全国でもトップレベルで将来性の高いプロジェクトだといっても過言ではないだろう。

Rubyはマジで松江の救世主となるかも。地方都市は知的産業の誘致、振興が重要だが、それを成功させている希有な例が松江なのだ

徐々にIT企業があつまりつつある松江。写真のビルは松江駅前の古いビルだが、入居企業にシステム開発系の会社がちらほら

地味で目立たない出雲人はいつでも自然体が基本！

チャラい若者にまで根づく古代出雲人の精神

松江市や出雲市を筆頭とする出雲人の気質は、おしなべて保守的で閉鎖的だが、人当たりがよく、温厚だとされている。こうした出雲人の気質について、長年研究しているのが、地元出身の藤岡大拙である。

藤岡は、出雲弁や古代出雲を研究し、その成果を「出雲学」と称して数々の著書や論文を発表している。そのなかで出雲人の気質を語る上でよく引用するのが、古代の「出雲神話」と江戸期の「松平不昧」だ。藤岡氏の古代出雲史観は、『出雲国風土記』による国譲り神話を支持しており、大和王権に国を明け渡すことなく、しばらくは土着の古代出雲人が出雲国を支配したという立場をとってい

出雲人の気質

男	自分の考えを周囲に悟らせない
	前例にこだわる
	思い詰めることがある
	頼られないと実力を出せない
	信用されるのに時間がかかる
	女性に対して誠実だが、控えめな性格が好み
女	慎重で控えめ
	人の意見を求める傾向がある
	道徳観が強く軽口を嫌う
	倫理観が強く「嘘も方便」はNG
	信用されるのに時間がかかる
	早婚で知的な男性を好む

※各種資料と取材より作成

る。そのなかで、古代出雲人は大和王権に従ったのち、文句も言わずに従ったことを指摘し、それゆえに出雲人は物言わぬ民となり、消極的で閉鎖的になったと考察している。それに加えて、国譲りに同意する代わりに、壮大な宮殿(現在の出雲大社だと考えられている)を建設することを認めさせるなど、したたかさも持ち合わせているという。

藤岡は、こうした古代出雲人の気質は今も残されていると論述している。というのも、出雲地方ではオオクニヌシの精神が親から子、孫へと連綿と受け継がれているとされているからだ。確かに、出雲地方の小中学生は必ず出雲神話を学ぶし、月に1回は家族で出雲大社に訪れるという人も多い。

驚いたのは、出雲大社での参拝作法を地元民が常識として知っていること。一般的に神社の参拝作法は「2礼2拍手1礼」だが、出雲大社では「2礼4拍手1礼」が正式な作法となっている。筆者が出雲大社を参拝したときも、観光客らしき人は「2礼2拍手1礼」で参拝していたが、地元民らしき人は、誰もが正式に4拍手をしていた。しかも、短パンにビーチサンダル、茶髪のチャラそうな若者でさえ、正式な作法で深々と頭を下げているのだから、出雲式の作法がどれだけの世代に浸透しているかを痛感させられた。こうした作法を自然と身につけているということは、古くからの慣習が老若男女を問わず、行き届いていることの証。出雲人には古代からの気質が、若者にまで根づいているということだろう。

「中庸」な出雲人を育んだ茶の湯の思想

もうひとつ出雲人の気質に大きな影響を与えているとされるのが「松平不昧」。これは、出雲国松江藩7代藩主であった松平治郷の通称。県内では松平治郷を名君と称賛することが多いが、一般的に政治的な評価は低い。治郷統治の時代、松江藩は財政がひっ迫しており、明和の改革が行われたが、おもに実行したのは家臣の朝日丹波である。明和の改革そのものは藩政を安定させた政策として評価されるものの、その間に治郷は茶の湯などに興じる道楽者だったともいわれている。

だが、出雲人からの評判は尼子氏と同様にすこぶる高く、今でも「不昧さん」

「不昧公」と呼ばれて親しまれている。それほどまでに出雲での人気が高いのは、松江を中心に出雲地方の文化に多大な影響を与えているからだ。茶人としては一流とされる治郷は、石州流を基本としながらも、三斎流など他の流派にも接して独自の茶道観を確立し、「不昧流」として伝えられている。一般的に当時の茶の湯は、武士や貴族などに親しまれていたが、松江藩では治郷の弟子たちが「不昧流」を藩内に広めたとされている。その流儀が堅苦しい作法を抜きにして、自由に茶の湯に親しむことを目的にしていたため、庶民のなかにも茶の湯の文化が根づいた。今でも、松江市民は緑茶やコーヒーのように、朝食後や夕食後など、日常的に抹茶を飲むそうだ。そうして、茶の湯を通じて、治郷の思想が浸透していったのである。

そもそも「不昧」というのは、「百丈野狐」という禅のエピソードに由来している。もともとは「不昧因果」といって、簡単に言ってしまえば「ごまかさないでそのままを受け入れる」という意味。それが高じて「理想の自分は現在の自分を反映したもの」とか「いくら考えてもわかり得ないことがある」とかいった思想に結びついている。さらに、治郷は「足るを知る」という重要性を説いてもいる。要するに、何事も自然体で受け入れるべしという教えを説いているのだ。

藤岡は、こうした「不昧」の思想に着目し、出雲人には「これくらいで大丈夫」という気質が根づいていると指摘し、「中庸（考え方や行動が極端に走らない）」な人間性だとしている。その一方で、茶の湯などの文化を通じて、庶民にも繊細な感性が宿るようになっており、日本人的な「わびさび」を理解する精神性にも通ずるそうだ。

現代になっても他地域との交流が乏しく、都市部からの流入が少なかったために、出雲人の気質は今に至るまで変わらずに紡がれている。総合的に判断すると、古代出雲人のように寡黙で忍耐強く、自然体で何でも受け入れられる寛容な気質ということになる。ただ、それゆえにドラスティックな変化が起きづらく、時代を経るごとに存在感が薄くなったんだろうけど。

地元民にさえ見放された玉造温泉が大復活!!

オッサンが寄り付かないキレイな温泉地

筆者はかつて仕事の都合で、日本全国の温泉コンパニオン事情を調査したことがある。あくまでネットや電話取材がメインで各地を巡ったわけではなかったが、山陰地方には鳥取県の皆生温泉、島根県の玉造温泉でコンパニオン文化が現存していることを知った。残念ながら、今回の取材では交通費に予算の大半を割かれるためにコンパニオンと豪遊することはできなかったが、それでも玉造温泉の雰囲気だけは味わうことができた。

初めて訪れた玉造温泉は、筆者が思い描いていたイメージとはかけ離れていた。けっこう新しめの土産物屋があったり、ちょっとオシャレなカフェなどもあって、寂れた昭和のムードを思い描いていた筆者の期待（？）は、見事に裏切られた。訪れた時間帯が夕方だったし、コロナ禍の影響で観光客はほとんどいなかったが、それでも二人組の若い女性を見かけた。「あれ？　ここってコンパニオン温泉じゃなかったっけ」と、戸惑いの色を隠せずにいると、目の前には何やら怪しいボトルが……。まさかロ○ションかと思いきや、どうも温泉を入れて持ち帰る用のボトルらしい。その名も「美肌温泉ボトル」。よく温泉街を巡ってみると、恋叶橋だったり、おしろい地蔵だったり、どうも女性向けの施設ばかり。はだけた浴衣を着て、千鳥足で闊歩するオッサンなんて付け入るスキもないような女子向け温泉である。

近隣の食堂でちょっと話を聞いてみると、最近の玉造温泉は、美肌を売りにメインターゲットを女性に絞っているとのこと。どうりでコンパニオン温泉にありがちな怪しいムードが一掃されているわけだ。おそらく途中で出会った女性二人組も、美肌を目的に訪れていたのだろう。オッサンとしてはちょっと寂しい気もするが、これも生き残りを賭けて、玉造温泉が転身を果たした結果なのだから、その努力には頭が下がる。

民間パワーで消滅寸前からV字回復

玉造温泉がこれほどまでの変貌を遂げるには、10年あまりの時間を要した。キッカケは2007年ごろ。当時の玉造温泉は冒頭で筆者が想像していたような昭和期に取り残された寂れた温泉街だったという。空き店舗ばかりで、土産物はわずか2店舗のみ。足湯が2カ所あるだけで、ほかに散策できるようなスポットはなく、道路はガタガタだった。そんな状況だったから、地元民でさえ「旅館がなくなるのも時間の問題」だと本気で信じていたらしく、もはや街のお荷物だとさえ考える人もいたそうだ。実際に、老舗旅館がつぶれるなどの憂き目にあっている。

玉造温泉が廃れていった理由は、1992年の米子高速道の開通もあって、モータリゼーションに合わせた温泉街になっていたからだった。各旅館はレストランやスナック、土産物まで併設させて、巨大化の一途をたどり、宿泊客を外出させない方針をとった。そのほうが客単価が高まって、効率よく稼げるからだ。この頃に夜遊びまで旅館で楽しめるように、コンパニオン文化も隆盛したにちがいない。

だが、客が外出しなくなったことで、一般店舗は軒並み撤退。00年代に入ると、一人旅などの少人数での個人旅行がメインとなっていったため、玉造温泉を訪れても「何もない温泉地」というイメージしかもたれなかった。リピーター獲得なんて夢のまた夢で、客離れは深刻さを増すばかり。島根屈指の規模を誇る温泉街は、まるでゴーストタウンの様相を呈していたという。

こうした昭和期の旅行ニーズに合わせた温泉街には、時代のニーズに応じて変化できずに、旅館も店舗も次々と潰れて機能不全に陥るケースも少なくない。たとえば、栃木県の鬼怒川温泉は、かつて関東の奥座敷としてにぎわったが、今や巨大なホテルや旅館の廃墟だらけになっており、訪れるのは廃墟マニアばかりという体たらく。２００６年までの玉造温泉も同じような運命を辿っていた。観光協会も旅館組合もどうしたらいいかわからず、「受け入れるまま」という出雲人らしさが悪い方向に発揮されていたのだ。

この状況を憂いて立ち上がったのが地元の有志である。まずは玉造温泉のブランド化を図るため、横の連携を強化。観光協会や旅館組合、自治会などを巻き込んで「玉造温泉街活性化プロジェクト会議」を組織した。さらに、まちづくりを行う合同会社「まちデコ」も立ち上げ、民間主導でにぎわい再生に乗り出した。

そこで目をつけたのが、『出雲国風土記』で神の湯と記され、美肌効果があるという温泉の歴史。ターゲットを女性客に絞ることで積極的にPRを図った。すると、パワースポットがブームとなって出雲大社が注目されるようになると、周辺観光に訪れる女性客の目に留まるようになったのだ。同時に美肌効果を歴史だけでなく、科学的な解析によって証明することで、訴求力をより高めた。こうして徐々ににぎわいを取り戻し、2006年には85万人だった観光客が2015年には106万人にまで回復した。にぎわいを取り戻した結果、地元民の態度も変化し、今ではゴミ拾いのボランティアなどにも参加してくれるようになっているらしい。

自然体が美学の出雲人ではあるが、ピンチの時には地元で団結して一気に突き進むパワーも備えているのだ。

メインストリートがきっちり作り込まれた玉造温泉。宿に引きこもらず、散策が楽しい街を目指した整備がなされている

旧来の温泉旅館・ホテルだけではなく、全国的に有名なホテル開発会社の名前も。大手が目を付けるだけのポテンシャルがあるのだ

もったいない精神が根づく出雲市のまちづくり

まちづくりに表れる出雲人ならではの美徳

出雲市は旧国名と同じ名称だから、たいそう歴史情緒あふれる街なのかと思いきや、出雲市駅周辺の市街地には現代的な建物が多く、むしろ都市的な街並みが形成されている。駅から国道9号につながる目抜き通りは、道路も歩道もしっかりと整備されていて、高瀬川周辺には、ちょっと高級そうな住宅街が広がっている。２００９年に開庁した新市役所も最近よく見かける瀟洒なデザインで、景観に力を入れていることは、ちょっと散策しただけですぐに実感できた。昔ながらの街というより、よくも悪くもリニューアルされた街という印象を抱かせる。

このように、出雲市のまちづくりを見ていると、ドラスティックに何かを変えるのではなく、既存のものを活用して、時代に合わせて作り変えていくという手法が多いように感じた。出雲人の保守的な考え方が反映されているからかもしれないが、そもそも出雲市のシンボルでもある出雲大社もリニューアル（遷宮のことね）を繰り返して今に至っているわけだし、古いものを再利用する精神は日本人の美徳でもある「もったいない」精神の表れともいえる。さすが出雲人が日本人の源流とも称されるだけのことはある。

効率的なコンパクトシティで住みよさナンバーワン

もったいない精神もさることながら、出雲市のまちづくりはけっこう効率的だ。現在の出雲市は、２００５年に出雲市、平田市、佐田町、多伎町、湖陵町、大社町と合併、２０１１年に斐川町を編入して成立した。松江市と東出雲町と同様に、出雲市と斐川町との合併でもすったもんだがあったが、地元民に言わせれば「なんで最初っから合併しなかったかわからない」ほど、もともと地域としての結びつきが強かった。斐川民は買い物なんかの用事があると、出雲市か旧平田市のどちらかに依存していたし、慣習や生活圏を考慮しても今の市域は、理にかなった合併だった。これによって、出雲市には鉄道、空港、高速道路などのインフラ、出雲大社や鰐淵寺などの歴史的遺構などを兼ね備え、完全無欠（言い過ぎ？）の地方都市を形成した。

合併後には、各エリアの特色を活用してゾーニング。出雲市駅周辺を中核都市、雲州平田駅周辺を東部都市拠点、南西部をおもに農村地域に指定して、特色を活用したまちづくり方針を策定した。要するに合併したからといって、それぞれの地域がこれまで歩んできた歴史や経緯を無視することなく、あくまで継続路線で発展を図ったのだ。このようなゾーニングは、全国のどの街でも行われているが、市役所の支所を統廃合したりして、住民の反感を買ってしまうケースもある。その点、出雲市はそれまでの庁舎を、支所として有効活用したこともあり、大きな不満やあつれきなどは生じていない。

こうしたまちづくりの考え方は、出雲市駅周辺の中核都市づくりによく表れている。たとえば、今市町周辺はかつてのネオン的な繁華街をそのまま残しているが、くにびき中央通りは、出雲大社らしいシックな景観づくりを行った。また駅から徒歩圏内に市役所、病院、高校などが集中しているため、普段から公共交通をメインで利用する人にとっては車いらず。完全にモータリゼーション化している島根県にあって、出雲市駅周辺だけはあらゆる機能がコンパクトにまとまっているため、暮らしやすさはバツグンだ。実際、東洋経済新報社の「住みよさランキング」でも、出雲市は全国１３２位で、県内ナンバーワンを誇る。10年前に移住してきたという40代主婦は「不便を感じたことはない」そうだ。合併後に何かとハコモノばかりを建ててしまうダメ行政もあるなか、出雲市のまちづくりはけっこうイカしてると思うぞ！

継続路線だけじゃあ衰退は防げない！

その一方で、弱点ともいえるのが商店街。たとえば、サンロードなかまちは、地元民いわく「昔は人がごった返していた」そうだが、今は完全なシャッター街。景観をよくしようとアーケードはかなり立派に改修されたんだけど、それが逆にシャッターの侘しさを強調してしまっていて、何とも哀愁が漂っている。味のある老舗店舗などがあったりしたし、新しい店もちらほら見かけるけど、それにしても今市町の飲み屋街と比べると、閑散としている。そんな惨状にありながら、行政はまちづくり方針を策定した2009年以降、商店街活性化に対する有効な策を打てていない。地元住民がNPO法人を立ち上げて、何とかがんばってはいるが、商店主たちが高齢化しているために、その活動は限定的。このままでは、せっかく改修したアーケードが目立つばかりで、中身が何にもない商店街になってしまいかねない。

商店街の活性化は地方都市のよくある課題であるが、成功例を見ると、必ずといっていいほど官民の連携が強い。こればっかりは、リニューアルするだけでなく、もっと行政が積極的に動いて、大きな変化をもたらすべきなのだ。人口減少社会にあって、継続路線だけじゃいけない問題もあると認識したほうがいいだろう。

出雲市駅の目の前に一畑グループのツインリーブスホテル出雲が完成し、駅前の雰囲気は良くなった。が、これだけでは弱いのも事実

サンロードなかまちは、アーケードこそキレイになったけど、肝心の商店に元気がない。何らかの対策を取るべきじゃない？

地元と行政がガッチリタッグ うまく回っている出雲大社観光

不景気やコロナ禍なんて何のその！ 出雲大社は大混雑

出雲地方を取材するにあたって、筆者は出雲市内のホテルを拠点にした。本当は松江市にも泊まりたかったのだが、連休とかぶっていたこともあり、松江市のホテルはどこも宿泊料が安くて1泊9000円台と、かなり強気な設定だったからだ。しかも出雲市駅周辺のホテルはどこも満室。運よく国道9号沿いに安いホテルを発見。おかげで、今市町の居酒屋に行くのに20分も歩かなきゃならなかった。まあ、中心市街地の街並みをざっと散策できたから、それはそれでよかったんだけど、それにしても日本屈指の観光地である出雲大社を抱えているにもかかわらず、ホテルのキャパシティがちょっと貧弱すぎやしないか？　いちおう大社町にもホテルはあるんだけど、これがどこも高くて……（1泊3万円とか無理だって！）。景観を保全する意味合いもあるんだろうが、もう少し気軽に泊まれるホテルを用意しておいてくれてもいいと思う。冒頭から不満ばっかり書き連ねてしまったが、ホテル事情は観光都市にとって、ひとつの課題でもあるから、貧乏人の小言としてご容赦いただきたい。

さて、出雲市の観光を論じる上で、やはり出雲大社を外すわけにはいかない。さっそく国道9号から出雲大社線を北上するメインルートで向かったのだが、連休中にもかかわらず、道中はスイスイでストレスを感じることはなかった。おそらくコロナ禍の影響もあって空いていたのだろうが、道路も2車線区間が多く、導線はそこそこ整っている印象だった。15分ほど走って、参道前の巨大な鳥居が見えてくると、人の多さに驚いた。筆者は島根県以外でも、コロナ禍の観光地を、いろいろ見てまわった（もちろん移動制限が解けてからね）が、有名観光地や温泉街でも、その影響は色濃く、出雲大社がこれほどまでに混雑しているとは想像もしていなかった。ほとんどは近隣県からの観光客だろうが、道の駅には愛媛だったり、熊本だったり、遠方のナンバーもちらほら見かけた。

さすがは出雲大社、その威光は衰え知らずである。

というわけで、さっそく参道を練り歩いてみたのだが、お社が近くなるにつれて、どんどん混雑度が増していった。目立つのは若いカップルや男女のグループ。やはり縁結びの神様とあって、そのご利益にあやかりたい観光客ばかりである。なかには、コスプレ撮影会をしている集団もいたりして、狭いご縁横丁は完全に三密状態。周辺の土産物屋も繁盛している様子だった。

境内がこれまたすごい。因幡の白兎像の周りでは記念撮影の順番待ちが起きていて、巨大なオオクニヌシ像は迫力満点。神社アミューズメントとも呼ぶべきだろうか。出雲神話の世界にたっぷりと浸れるので、古代史ファンにとってはたまらないだろう。

コロナ禍でも、このにぎわいなのだから平時はもっと人でごった返しているにちがいない。これだけの人が出雲市に押し寄せているのだから周辺のホテルも満室になるわけだ。ますますホテルを充実させるべきだなぁと考えながら、きちんと2礼4拍手1拝でお参りしたのち、しばし周辺を散策。神門通り商店街は、夕方になっても人通りが絶えなかった。取材とはいえ、出雲大社の初参拝に心躍らせていたのはいうまでもない。

地方が見習うべき神門通り活性化までのプロセス

今でこそかなりのにぎわいを見せている参道前の神門通り商店街だが、つい二十年前は死に体のシャッター商店街だったらしい。休憩がてらに入った老舗喫茶店のおばちゃんも「昔は人が全然歩いてなくてね。今ある土産物屋とかは最近になってできた店ばっかりだよ」と語っていた。

衰退のきっかけになったのは、1990年の大社線廃線。モータリゼーションが進み、観光客の多くは出雲大社の巨大駐車場を利用するようになった。そのため、参道を散策する人がいなくなり、神門通りは車ばかりが通る一般道と化していた。徐々に活気が戻ってくるのは、2005年の出雲市との合併後のこと。まず行政は参道に石畳を敷いて景観を整備。さらに電柱を地中化して、歩道と車道に境界を設けずに歩きやすい環境を整えた。

こうした計画は全9回のワークショップで地元民の意見を取り入れながら進

められ、出雲市と住民で「神門通り地区まちづくり協定」を締結。協定に沿って、店舗などの修景工事を実施する住民に対し、市が補助金を助成するなど、一気呵成に街並みを変貌させた。さらに空き店舗への出店を促す支援を促進し、家賃の3分の2と改装費の半額を補助する制度を設けた。さらに、2008年に結成された地元有志の「神門通り甦りの会」が新規の店舗をサポートするなど、ハード面だけでなく、ソフト面の強化も図った。こうした取り組みに加え、パワースポットブームが到来すると、神門通り商店街は息を吹き返した。無料休憩所やご縁横丁もこの頃に誕生した新スポットである。まさに官民連携がガッチリとハマった成功例といえるだろう。

神門通りの活性化は、行政が一方的に進めただけでは、うまくいかなかったはずだ。合併をきっかけに一自治体だけではできなかった大規模な補修事業を、地元住民の意見を交えながら一体的に進めてきた結果、神門通りの特色を活かした開発となった。さらに、「神門通り甦りの会」が積極的にPR活動を行い、独自にイベントを実施したりして、にぎわいを創出してきたことも大きな秘訣である。街並みを整備するなどのパッケージ面は行政が担当し、新規出店のサ

若いカップルであふれるご縁横丁。けっこう狭いけど、散策がてらに軽食をとるにはもってこいの人気スポットだ

出雲市内の飲食店は、どこも出雲そばばっか。ウマいんだけど、もうちょっと別の選択肢もあったほうがいいと思うぞ！

ポートなどのソフト面は地元住民が行う。それぞれができることを最大限に発揮し、明確な役割分担ができたことで、目的がハッキリしたために、スムーズな連携が生まれたのだろう。

この神門通りの再生は、地方創生の大きなヒントになる。もちろんパワースポットブームなど、ラッキーな要素も少なくなかったが、逆にいえば、そのブームを有効に活用できるだけの素地ができていたということでもある。出雲大社ほどの人気とはいわないまでも、全国各地には歴史ある神社仏閣、遺構などの観光資源を最大限に活用できていない地域も少なくない。その点で、神門通りの活性化までの道のりは全国に誇るべき事例だと思う。

願わくば、せっかくの成功例があるのだから、こうした官民連携の動きを出雲市駅前の商店街でもうまく活用してほしい。そうすれば、出雲市は観光も住環境も充実した完全無欠の街になるポテンシャルを秘めているような気がするのだ。あと、宿泊するホテル不足もどうかひとつ考えてほしい。だって、今度はゆっくり遊びに行きたいからね！

出雲市の宿泊客数推移

	宿泊客延べ人数(人)	外国人宿泊客延べ人数（人）
2010年	479,000	2,299
2011年	470,000	3,112
2012年	500,000	2,728
2013年	588,000	2,873
2014年	575,000	4,133
2015年	603,000	4,823
2016年	618,000	6,148
2017年	679,000	6,250
2018年	747,000	7,875
2019年	795,000	11,552

※出雲市経済環境部観光課のデータを参照

地味で牧歌的な雲南市のブランド化が進んでいるって何!?

地元のブランドは出雲神話とたたら製鉄だけ!?

出雲の南にあるから雲南市。合併後、こんなにわかりやすい市名にしたのは、出雲国に対するプライドが高いからだ（中国南部っぽいけどね）。もともと雲南市は、県内その他の合併と異なり、大原郡だった大東町、加茂町、木次町、飯石郡だった三刀屋町、吉田村、掛合町と中心となる市がなかった。ちょっと聞こえは悪いけど、要するに寄せ集め合併である。やっぱり松江市とか出雲市と比べると、名前のブランドが劣るのも事実だ。

だからこそ、雲南市は旧出雲国としてのブランドにこだわっている。律令時代の出雲国は9つの郡から成り立っており、大原郡と飯石郡は『出雲国風土記』

にも記されている古代からの地名である。で、大東町には仁和寺があるのだが、実はここ大原郡の郡家があったそうで、政治的な中心地だったそうだ。また、三刀屋町にある飯石神社は地名の由緒ともなっており、神様の依り代となる磐座（いわくら）が現存している。目玉は八岐大蛇公園。かの有名なヤマタノオロチ神話の舞台になった地で、ゆかりの地を巡るツアーも行われている。かな〜り地味ではあるが、こうした出雲国としての歴史をブランド化して売り出していきたいらしい。

というわけで、雲南市では「雲南市ブランド化プロジェクト」を立ち上げている。「幸運なんです。雲南です。」をキャッチフレーズに、「自然、歴史、食、人」を柱にまちづくりを進めていくというものだ。なかでも、必死に整備を進めているのが、菅谷たたら山内。たたら製鉄は島根県を代表する観光資源のひとつだが、実は当時の遺構が残るのは吉田町にある「菅谷高殿」のみ。ちなみに、たたらにくわしくない人に説明しておくと、たたらでいう「高殿」とは、いわゆる炉のこと。この炉を中心に「山内」と呼ばれる集落を形成し、たたら師、鍛冶師、炭焼などの従事者が住んでいた。菅谷たたら山内はこうした遺構を今に残しており、あの『もののけ姫』の舞台にもなったことで有名だ。今でもときどき聖地巡礼として観光客がやってくるそうで、雲南市のブランド化には欠かせない観光資源なのだ。ただ、かなり古いので、2012年から始まった保存修理工事はまだ完了していない。これだけ時間をかけてまで前面に押し出したいのは、雲南市のブランド化に欠かせないピースだからである。というか、ぶっちゃけ出雲国とたたら以外に観光スポットはほとんどないので、歴史に頼るしかないのだ。

意外と侮れないブランド化プロジェクトの強み

一見すると、田舎が背伸びしているようにしか見えない「雲南市ブランド化プロジェクト」だが、これがなかなか侮れない。目を引くのが教育。雲南市では保育園、幼稚園、小学校、中学校と体系的なキャリア教育を行っている。道徳の時間や特別活動などで共通題材を使用し、ふるさとの歴史や慣習、生活指導などを実施。具体的には地域の福祉施設を訪問したり、神話の里めぐりや郷土食などに触れる機会を増やしている。まあ、これも地味な活動なんだけど、中学生の意識調査での「自分の住むまちが好きだ」という項目で、２００７年には30・1パーセントだったものが２０１３年の調査時には85・6パーセントにまで向上した。55パーセントの上昇だから、とんでもない上昇値である。また、地域行事への参加度（中学３年生）も、全国平均が41・6パーセントなのに対し、雲南市では58・2パーセントと17ポイントも高い。地域に寄与できる若者が増えれば、市外への流出予防にもなるし、仮に上京してもUターンで戻ってくるかもしれない。地味ながら郷土愛を育む教育は、かなり成功しているといえるだろう。

また、雲南市は合併したのちも、各地域の地域自主組織なるものを結成して、独自の自治を実施している。自治会とは異なり、地域の活動に子供から大人までが参加するというもの。具体的には年齢を問わず住民全員にアンケートを取ったり、世代別の意見交換会を定期的に実施するなど、あらゆる世代の意見を吸い上げて、地域の運営に役立てているという。自治会だと、どうしても地域内の有力者たちが集まって意見を交換するだけなので、住民すべての意見の集約にはなりづらい。だが、地域自主組織には、自治会や振興会、PTAなどをタテ割りではなく、広くヨコのつながりとして連携を強化しているそうだ。

この取り組みにおいて、もっとも注目したいのが、若者に対してもコミットしている点だ。定期的に開催される「うんなん若者会議」には、高校生や大学生、社会人が集まって地域の課題を議論しているという。これがけっこう若者たちを刺激しているそうで、地域活性化のさまざまなアイデアを生んでいる。幼少期に郷土愛を高めつつ、高校生以上になったら地域課題に参加できる人材を育成する。過疎化が進む地方の自治としては、かなり先進的だ。

そんなこんなで、地方の田舎町から注目を集め、全国の地域づくり関係者によって「雲南ゼミ」なるものも結成。田舎の地域自治のあり方を模索するいいキッカケにもなっている。雲南市は、街並みも観光資源もブランド化はなかなか難しそうだけど、人材のブランド化には成功しているのかもしれない。

移転した新庁舎は牧歌的な風景のなかにあって異質そのもの。雲南市を象徴しているようには見えないんだけど……

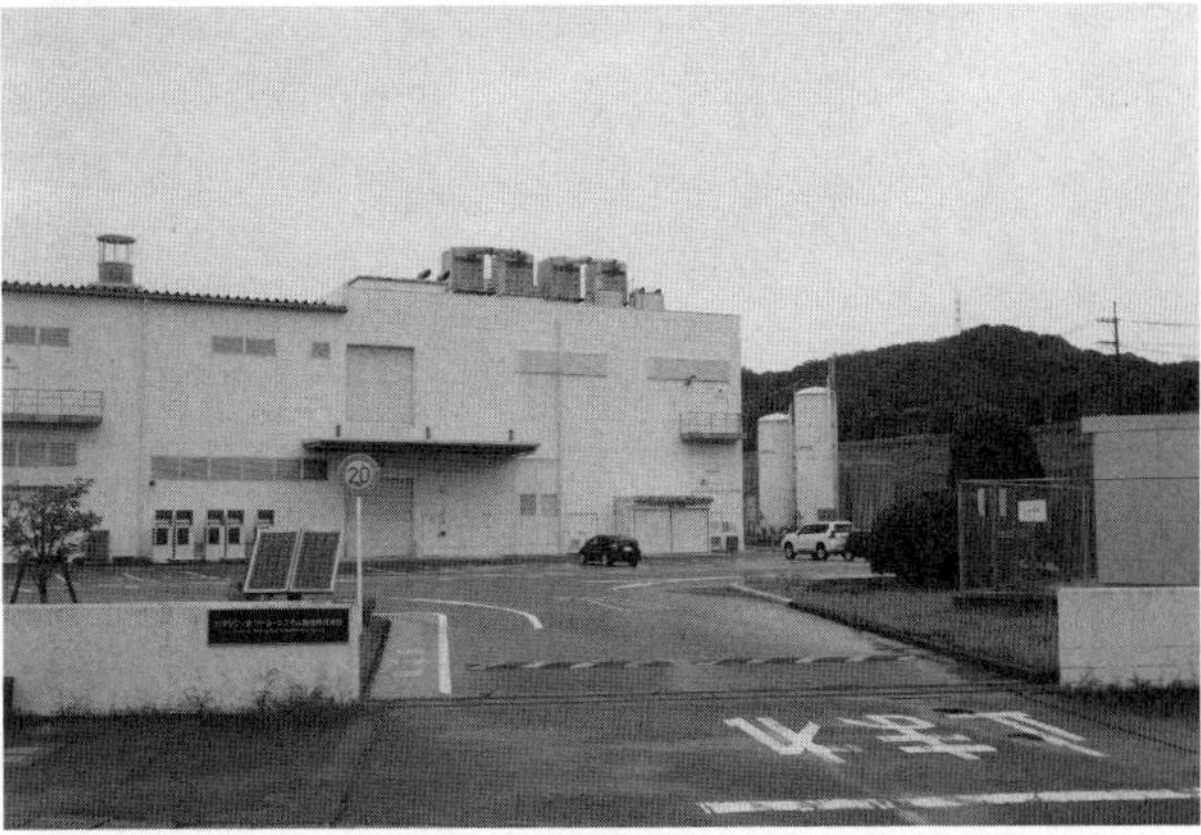

パナソニックのソーラー開発会社が立地するなど、工業地区もあるが規模は極小。工業のブランド化は難しいか

温厚な島根県民が本気で怒った宍道湖干拓問題

シジミが獲れなくなっちゃうでしょうが!!

島根県は海の幸が豊富で、海鮮好きの筆者もノドグロやイカ刺しなど、名産とされる海産物をあちこちで食べさせてもらった。地元民はとにかく釣りが好きで、浜田民によれば、「イカなんて、船出せば何十パイも獲れる」らしい。地元では、海の幸は買うものではなく、釣って食うものなのだ。東京に戻って松江出身者の知り合いに連絡を取り、実食した海鮮の話をしたのだが、彼は「あ〜、松江だとノドグロとかイカって感じじゃないんですよ。完全にシジミばっかです」とのことだった。筆者も出雲市の居酒屋で、何気なくシジミの酒蒸しを注文したのだが、これが一般的なシジミとちがってけっこうデカい（アサリぐらいあった）。日頃からデカいシジミばっか食べてる島根県民は知らないかもしれないが、シジミといえば食うところがないぐらい小さな貝というのがフツーの認識だ。噛み応えのあるシジミなんて初めてのことだったので、シジミの本当のウマさを思い知った次第である。

そんなシジミが全国で一番獲れるのが宍道湖や中海だ。そんな宍道湖・中海が大きく揺れたのが干拓問題。古い県民なら常識かもしれないが、出雲人に大きなインパクトを与え、県民の公共事業に対する不信感を生じさせた事件として、改めて経緯を辿っていきたい。

宍道湖は、かつて暴れ川として数々の水害を引き起こした斐伊川につながり、中海に至って日本海に注いでいる。潮の干満によって日本海の海水が、中海を通って宍道湖にも溯上しているため、宍道湖も中海も淡水と塩水が混ざった汽水湖だ。だからこそ湖でありながらシジミが獲れるのだ。しかし、宍道湖はかつて淡水湖だった。それが、松江藩による治水事業を経て、大正期になって斐伊川改良工事が進められ、大橋川の治水工事、さらには境港港外の防波堤設置などによって宍道湖・中海の水位が低下し、海水が逆流するようになった。

海水が混入するようになると、今度は塩害が発生。そのため、戦前から干拓農地にする案は上がっていた。それが戦後の食糧難にあい、再び議論が活発化。1959年に水田稲作を目的として、干拓の国家プロジェクトが立ち上がった。

だが、仮に淡水化してしまえば、シジミが生息できなくなる。当時、宍道湖のシジミは国内生産の8割を占めており、「日本の食卓からシジミが消える」とまで言われた。島根大学の研究者たちが「淡水化すれば水が汚れる」と主張すれば、宍道湖漁業で生計を立てていた漁師たちも憤慨。反対運動をするさまざまな住民団体が設立された。

1982年には学者、経済同友会、青年会議所、公務員、漁業関係者を中心に約600名で「宍道湖の水を守る会」が結成。それ以降、数々の住民団体が起こり、その規模は年を経るごとに大きくなっていった。当時、25団体にもよるネットワークが形成され、反対運動は組織化され、反対を求める署名は県内で23万筆、全国で34万筆にまで膨れ上がった。当時の松江商工会会頭は「松江にとって宍道湖は宝。早くこの問題にケリをつけて自然と歴史を生かすことを考えるべきだ」と発言し、地元経済界もこれに賛同。行政はどうにかして事業を推進したい意向だったが、１９８８年に県議会で淡水化事業の延期が決定。事実上の凍結となり、２０００年になり干拓中止が決定された。

島根県民らしさを浮き彫りにした反対運動

当時、農水省は「水は汚れない」の一点張りだったが、これに対抗するため、島根大学では淡水化の研究が進み、農水省側の論拠を突き崩した。これを受けて住民たちも立ち上がり、反対運動は大きなうねりとなって、世論を形成。反対運動を成功させた。かつて「公共事業は止まらない」という神話がささやかれていたが、歴史上はじめて、その神話を崩した事例とも呼ばれる偉業を成し遂げたのだ。

温厚な島根県民らしいのが、この運動が徹底的に民主的な方法で行われたことだ。暴力行為などにつながった記録はどこにもなく、徹頭徹尾、科学的論拠をもとに展開され、それを広く住民に知らしめたことで、県民のなかに共通認識を築いたのだ。マスコミの行った意識調査では、全住民の約７割が反対に回

宍道湖西岸にある出雲縁結び空港。空港公園では宍道湖で釣りをするオッサンたちが大集合していた

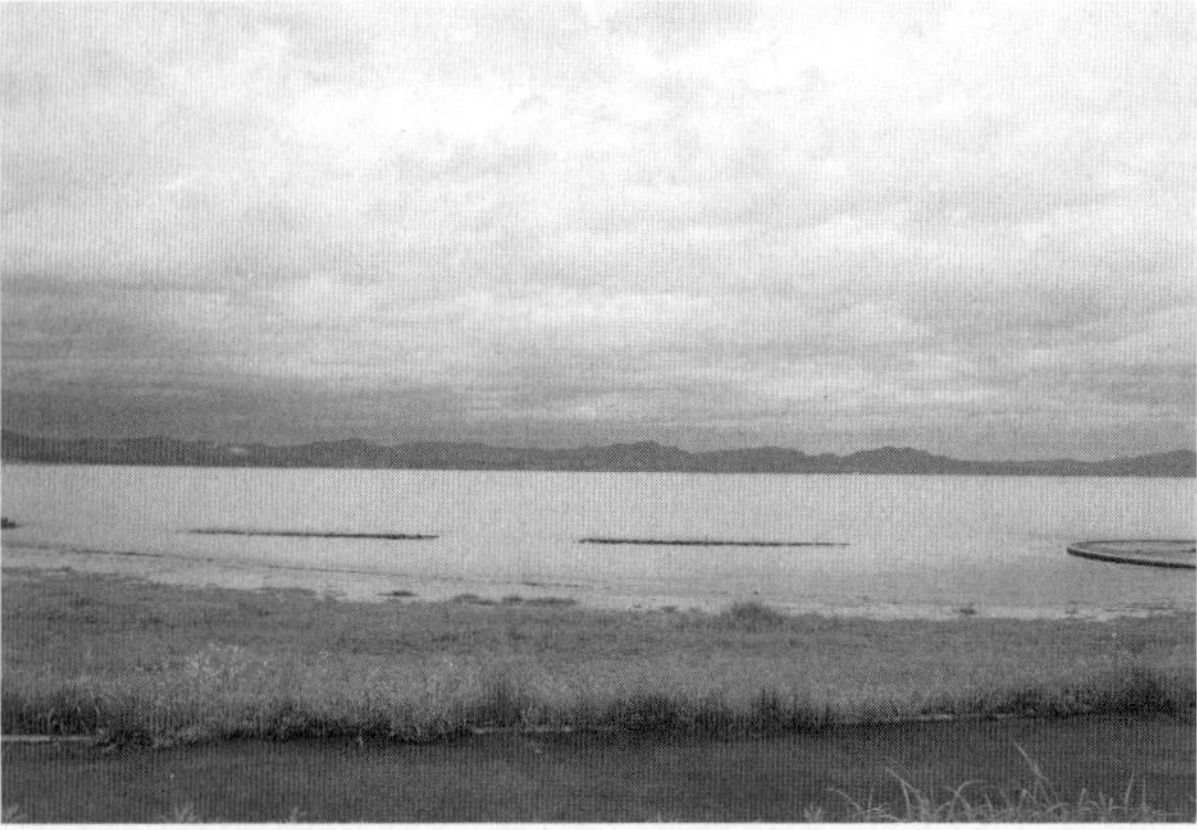
宍道湖は松江市民にとっての誇り。宍道湖産のシジミは県民食ともなっており、ほぼ毎日食うなんていう人も

ったという。ここで島根県民に根づいたのは、先ほど触れた商工会会頭の言葉に集約される「自然と歴史を生かす」ことである。何度も論じてきたように、もともと出雲人に根づいていた気質だったが、この宍道湖問題によって「自然と歴史を生かす」ことは県民の美徳として広まったのである。

たとえば、世界遺産の石見銀山では、自然保護が徹底されているし（178頁で詳述）、津和野でも古くからの歴史的建築物を支所として利用するなど、県内には「自然と歴史を生かす」例に枚挙に暇がない。

また、平和的に議論を重ね、時間をかけて説得していくあたりも物静かな島根県民らしさを象徴している。基本的に県民は「お上に逆らわない」姿勢だが、プライドである歴史や自然に関しては、徹底的に戦い抜く。宍道湖干拓問題は、そんな島根県民らしさを集約した出来事だったのだ。

島根県コラム 3

島根原発に見る世代間格差

筆者は、宮城、福島、福井でそれぞれ現地を訪れて原発を取材してきた。いずれの原発もド田舎にあって、この取材は山中の悪路を何十分も走らされる苦労を強いられてきた。一方、島根原発の場合、日本で唯一県庁所在地にあるっていわれるぐらいだから、現地に行くのはかなり楽なんじゃないかとタカをくってたんだけど、道中はなかなかハード。県道から山道に入ると、舗装もなっていない超細道を抜けなければならず、こんなとこを本当に工事車両が進入しているのかと思うぐらい。いくら県庁所在地にあるとはいえ、やっぱり原発がある場所はド田舎であると痛感した。いやあ、軽自動車でよかったー。

さて、昨今は原発というと批判的な意見が大勢を占めている。とくに再稼働をするか否かで、全国の原発で議論が沸騰中だ。島根原発もその例に漏れず、再稼働問題で地元が大きく揺れている。問題となっているのは2号機の再稼働と、

3号機の新規稼働。東日本大震災以降、日本の原発では、一度稼働を停止して安全対策工事が実施されているが、島根原発はその工事が遅れに遅れている。2019年にはついに7度目の工期延長に至った。費用も500億円増え、計5500億円にまでふくらむ見通しだ。現地に訪れた際も、何やら大規模な工事が行われていた。

工期の遅れなどが相次いだことで、県民からの視線は冷たくなる一方だ。島根大学が松江市民に行ったアンケート調査によると、1～3号機それぞれの稼働について、「稼働すべき」とは思わない層が約3分の2を占めている。原発に対する風当たりの強さを物語る数値である。

その一方で、20〜29歳の松江市の若者世代は、原発推進派が67パーセントと圧倒的だった。70歳以上の世代とは、ほぼ真逆の結果となっている。この結果について、島根大学は「若年世代は、社会経験が乏しいために節電や省エネの取り組み方を十分に知らないことや、物心がついたことからモノがあふれる生活を前提とした価値観が影響している」と推測している。

というわけで、実際に松江市の若者に話を聞いてみると、たいていは「よくわからない」という人が多かったが、なかには「地球温暖化という側面から考えるとCO2を排出する火力でまかなっている現状はリスキー。要はバランスが大事なんじゃないかと思う」なんて真面目な回答も。逆に高齢者からは「原発が爆発したらどうするの?」とか「怖いからやめてほしい」なんていう感情論が目立った。それぞれの意見を比較してみると、何となく島根大学の推測は恣意的というか早計すぎるような気がしないでもない。原発議論の多くは、年齢層が高い自称インテリ層が先導しているし、もうちょっと世代を超えた議論を展開すべきじゃなかろうか。

第４章
地味というなかれ！意外と頑張っている石見の今

山ばかりのド田舎だけど着実に移住者が増殖中の大田

地元民は石見銀山より三瓶山がお好き？

大田市の目玉といえば、何といっても石見銀山だ。２００５年の合併以降、大田市のシンボルを標榜し、市が発行する広報誌『どがなかな大田市』では、刊行以来石見銀山の連載コラムだけ、15年にわたって途切れることなく掲載されてきた。合併直後には、当時の市長が石見銀山市に改名することを市議会に提案したことさえある。まあ、見事に却下されたわけだけど、それにしても大田市の石見銀山に対する熱意は、相当なものがある。

さぞ大田市民も石見銀山をプライドにしているのだろうと踏んでいたのだが、意外に市民たちの反応はさまざま。確かに、お膝元の大森の人たちには、神様のごとく崇められている。一方、大田市駅周辺の住民は「学校行事で行ったことはあるけど、そんなに面白いもんじゃない」という意見も聞かれ、行政や大森民ほどの熱意は感じられなかった。世界遺産だから、地元の誇りではあるのだろうが、地元民のレジャーとして頻繁に利用されているわけではない。まあ、完全に観光地化されているから、あんまりくつろぐって感じじゃないしね。

むしろ、大田市民に広く親しまれているのは、同じ山でも三瓶山のほう。三瓶山は『出雲国風土記』で「佐比売山」とも記され、外国から土地を引いて島根半島が誕生したという国引き神話に登場する。現在でも活火山に分類されており、約10万年前から7回にわたって噴火したとされている。東北地方や、東海地方沖の太平洋海底など遠く離れた場所で三瓶山の火山灰が見つかっており、その規模はかなりのものだったそうだ。そのため、三瓶山は島根県の地形に大きな影響を及ぼしていて、大田町、長久町、川合町の平野部などは、三瓶山の火山活動によって形成された。また、山麓部の三瓶町や山口町は稲作やソバ畑、牧場などが広がる一大農業地帯。江戸時代に、吉永藩が推進した畜産業が有名で、放牧による飼育はこの地域の名物でもある。大田市民だけでなく、自然と歴史が大好きな島根県民にとって三瓶山は「宝」なのである。

このように、土地を作り、人々にさまざまな恩恵をもたらした山なので、当然信仰の対象として崇拝されている。三瓶山の名前の由来は、大きな地震で山が崩れ、3つの瓶（かめ）が飛び出したからだといわれている（諸説あり）。その一瓶は物部神社、二瓶は迩幣姫神社、三瓶は三瓶社（現高田八幡宮）とされ、古くから地元民の信仰を集めてきた。こうした慣習が、今の大田市民にもしっかりと根づいているのだろう。石見銀山が誇りであるなら、三瓶山は崇め奉る存在なのである。

今後のカギは地元民と移住者のミックス

冒頭で山ばっかりの話題に終始してしまったが、そもそも大田市は総面積の約76パーセントが丘陵地帯。乱暴な言い方をすれば、中核都市ではあっても、山ばっかりの田舎なのである。

そんな大田市だが、2015年には宝島社が毎年選定している「住みたい田舎」で全国１位を獲得した。「世界遺産の石見銀山遺跡を抱え、定住促進の先進地」であることが高く評価されたそうだ。以来、大田市はここぞとばかりに「住みやすさ」をアピールしている。

　もともと大田市は、県内の市部ではもっとも65歳以上の人口割合が高く、少子高齢化がかなり進行している。そのため、地道にＵＩターンを含む移住を促進してきた。中学生以下の医療費が無料で、０～２歳までの児童を預かる保育所も十分に整備されている。そのほか、住宅取得補助や就労・創業支援なども実施しており、空き家バンク制度を活用した定住者は３００人を超えている。移住者は、かつては田舎暮らしに憧れる高齢者が多かったが、近年は30～40代の若年層も増えつつある。相変わらず転出超過の解消にはつながっていないものの、ＵＩターン移住者の増加は、筋の光明でもある。また、移住者たちは古民家を利用して、新たなカフェやレストランなどをオープンさせており、店舗を活用して、若者世代によるネットワークを築いていたり、イベントを開催。地元とのつながり強化を図っている。

　政府主導による地方創生は失敗だと批判を受けることが少なくないが、それでも大田市は、一部のマスコミや若者たちに注目されるキッカケを生み出している。筆者はあちこちの地方を巡って、各過疎地の取り組みを取材してきた。まったく効果がない街もあれば、順調に人口を増加させている街もある。こうした取材のなかで筆者が得たひとつの結論は、UIターンで移住してきた若者たちが成否のカギを握るという点だ。

地元民と移住者が話し合い、活性化のアイデアを出し合って、その積み重ねのなかで、地元としての一体感を増していく。さらに、こうしたアイデアに対し、行政が金銭面やインフラ面でサポートしていければ、活気も生まれる。その点でいえば、大田市はまだ移住者と地元民たちとのつながりが未成熟なようにも見えた。というか、地元民だけの団結力が強すぎて、移住者が入り込む余地がほとんどないんじゃないか？　移住者同士のネットワークは構築されているようだけど、そこには根っからの地元民の存在が感じられない。もっと地元全体で移住者たちの意見に耳を傾けて、これまでとは異なる視点からの活性化も考えていくべきだろう。

大田市駅周辺が中心市街地。世界遺産のある街とは思えないほど質素で、駅前はかなり閑散としていた

2005年の合併以来、石見銀山をリード役として地域活性化を促進。地道に移住者を獲得し、「住みたい田舎」１位にも輝いた

出雲と石見の中継地点にある大田市はどっちの味方？

電車の利便性で東西の意識は分断

島根県のほぼ中央に位置する大田市は、出雲と石見をつなぐ中継地点を自称している。江戸時代には天領で、古くから外部より流入してきた人も多く、大田の人は石見とも出雲ともつかない人種だと言われることもある。そこで気になったのは、大田民は出雲人寄りなのか、石見人寄りなのかという点だ。

そもそも大田市の市域のほとんどは旧石見国である。かつての出雲国である簸川郡山口村（１９５４年合併）を含んでいるが、源流となっているのは石見国であることは間違いない。ならば当然、石見気質を強く受け継いでいると思われる。

ただ、その一方で地元民のブログや、掲示板での書き込みなどを見ていると、「大田市はどちらかというと出雲に愛着がある」という意見も散見される。じゃあ、いったいどっちが正しいのか現地で直撃してみた。すると、大田市民でも、実にさまざまな意見があることがわかった。大田市駅をブラブラしていた高校生が「よく遊びに行くのは出雲方面」だと言えば、温泉津のおばあちゃんは「こっちは訛りも風習も石見だよ」だと言う。こうした意識のちがいは、おそらく年代と地域差、インフラなどが影響しているのではないだろうか。

たとえば、山陰本線の本数の違いは大きい。大田市駅から出雲市方面行きの鈍行がほぼ1時間に1本走っているのに対し、浜田方面行きの鈍行は2時間に1本ほど。まだ車に乗れない高校生が石見方面へ行くには不便この上ないのである。せいぜい琴ヶ浜に海水浴を楽しむ程度だろう。いくら源流が石見にあるとはいえ、若いころから出雲方面の市街地で青春時代を送っていれば、愛着が湧くのも当然で、大田市駅以東の町では、どちらかといえば出雲市とのつながりが深い。

ただ、大田市駅以西になると、今度は距離の問題が生じる。大田市駅の隣にあたる静間駅でさえ、出雲市駅までは45分。仁万駅からだと1時間弱にもなる。気軽に買い物に行けるような距離感ではない。そのため、なかなか出雲方面に出向くことは少なく、必然的に地元に引きこもりがちだ。これらの地域の人たちは、石見国としての風習をそのまま継承しているので、胸を張って石見人を自称する。つまり、大田市民の意識は、大田市駅で東西に分断されているのだ。

出雲にも石見にもない強い職人気質

その一方で、東西にかかわらず大田民に共通している気質もある。それは職人気質だ。大辞林によれば「自分の技術に自信をもち、安易に妥協したり、金銭のために節を曲げたりしないで、納得できる仕事だけをするような傾向」と記されているが、これが大田民の特徴にピッタリなのだ。

大田市は天領となって以来、多くの職人が外部から流入した。そこで畿内からもたらされた技術が、瓦の生産だった。質の高い白土が産出されるため、石見の一軒家を代表する石州瓦の生産が盛んとなった。80あまりの瓦の窯跡が確認されており、なかでも「登り窯」による焼き物の生産には自信をもっている。瓦や焼き物の生産には技術力の高い職人が必要だったこともあり、昭和に至るまで、全国の焼き物職人から注目を浴びていた。ちなみに、水上町にある「島田窯」は、近代化産業遺産にも指定されている。

こうした技術や慣習は今でも受け継がれていて、市内の各地で登り窯による焼き物生産などが行われており、大阪や京都などからUIターンで就職する職人たちが多い。古くから全国各地の職人が集まってくるので、その気質が石見人とミックスされてきたのだ。

そのため、大田民は、出雲人のように景観などにこだわったりしないので、いずれの町や村も見た目は武骨な印象だ。リニューアルして見栄えをよくするよりも、実利を求めて道路の拡幅などを最優先するし、石見銀山でも手を加えるというよりも、これまで培った技術を活用して、徹底的な保全に務めている。このように街の細部を見ていても職人気質はあちこちに詰め込まれている。要するにこれまで築かれてきた「おらが街」に強い自信を抱いており、時代に合わせて何かを変えようなんて考えはさらさらない。こうした価値観は、石見全体に根づいてはいるが、大田市周辺はことさらに強い。

歴史的に全国各地からの職人を受け入れてきたため、移住者に対する大らかさはあるものの、そこから深い関係を築くには時間がかかる。前項でも触れたように、移住促進に一定の成果を出しているものの、移住者と地元民とが手を組み合って新たなシナジーを生み出しているとは言いがたい。要するに閉鎖的と呼ばれる島根県民のなかでも、とりわけ頑固者が多いのだ。

というわけで、大田民は出雲人だとか石見人だとかにはあまり興味がない。むしろ大田市という旗のもとに団結する意識さえ乏しく、各エリアの住民たちは、戦後の合併前とさほど変わらない暮らしを送っている。こうした気質が、大田市に伝統技術や慣習が色濃く残されている理由ではないだろうか。職人気質なのは悪くないんだけど、柔軟性に欠けるし、そもそもチャレンジ精神に乏しい。石見銀山という最高級の資源があるのに、松江市や出雲市よりもイマイチ垢抜けないのは、大田民の気質が関係してるのかも!?

大田市民の心理
旧石見国なので、基本的には浜田や益田の味方
もろ石見体質で、松江や出雲の慎重体質にはちょっともどかしさを感じることも
しかし出雲市の方が物理的に近いので、出雲に親近感をもっている
電車の本数も出雲市行きの方が多い
空港も出雲縁結び空港なので移動の拠点は出雲側
石見銀山は石見地区全体というよりも大田市のもの
浜田や益田は都市が発展していてうらやましい
津和野はひたすら田舎のイメージ
松江や出雲からは、親近感を持たれていないことを認識している

※取材などにより作成

伝統産業だけじゃ支えきれない！大田市に吹いた新たな風

さんのあとパルの閉店で屋台柱の商業は壊滅的

大田市は、石州瓦や焼き物といった伝統工芸だけでなく、建築業もプライドのひとつ。戦前に石見銀山が衰退すると、そこで働いていた職人たちは出稼ぎを余儀なくされたため、大工や左官になる人が増えたのだ。彼ら大工たちは「石州左官」とも呼ばれ、日本近代建築に大きな足跡を残した。なかでも「鏝絵（こてえ）」という装飾技術は、唯一無二とされ、西性寺などに現存されている。石州左官は国会議事堂や上海の日本総領事館などの建築にも携わっていて、左官職人の間では伝説的な存在だったともいう。そんな伝統のある大田には、現在でも建築業を営む名家が多い。

大田市の産業バランス（総付加価値額）

	大田市	島根県	全国
卸売り・小売り	24.6	20.4	18.5
製造	20.4	16.3	23.2
医療福祉	17.8	17.3	10.0
建設	13.9	12.4	6.3
宿泊・飲食	4.9	4.4	3.0
その他	18.4	29.2	39.0

2017 年第２次大田市産業振興ビジョン掲載　2012 年経済センサスより

とはいえ、大田市全体の企業数を見ると、卸小売業が最多で約32パーセント、次いで建設業が13パーセント、宿泊・飲食サービス業が12パーセントと続く（2014年）。さらに、売り上げから原価をのぞいた総付加価値額では、卸小売業が25パーセント、製造業が20パーセント、医療福祉業が18パーセントとなっており、建設業はトップ3にも食い込めていない（2012年）。企業数と総付加価値額の割合を考えれば、大田市では製造業と医療福祉業のほうが収益率の高い産業ということになる。石州左官の技術力がいかに高くとも、大田市の産業の主流派ではない。

だが、肝心の屋台骨でもある卸小売業の年間商品販売額はパッとしない。事業所数は2004年から2014年にかけて約290も減少。それに合わせて従業者数も約1000人ほど少なくなり、年間商品販売額は約666億円から約523億円にまで縮小した。従業員一人当たりでは、県内の市部で最低の水準。卸小売業の衰退に歯止めをかけられていない。

地元民にとって衝撃的だったのは、大田市を象徴する2つの商業施設の閉店だ。1973年に地元業者が共同で出資してできた「さんのあデパート」は1

９８９年には、約40億円を売り上げていたが、２０００年にイオンタウン大田ができてからは業績悪化に拍車がかかり、２０１０年の売り上げは10億８００0万円にまで減少。翌11年に閉店を余儀なくされ、跡地には出雲市を本社に置くグッディーが開店した。また、「さんのあデパート」と並び立つ地元商業施設だった「パル」も２０１５年に倒産。いずれの商業施設も地元による共同出資であったが、外来企業に駆逐されてしまった。地元の結束力も大資本の前には、手も足も出なかったのだ。地元民からはけっこう愛されてきただけに、いまだに「寂しい」という声も大きい。話を聞いたある地元民は「個性のない街になってきた」と嘆いていた。

進む工業化とＩＴ化は是か非か？

商業が衰退の一途をたどるなか、ここにきて好調を維持しているのが工業だ。全体的には減少傾向にあるものの、２０１６年は前年より2社増加。製造品出荷額等は２０１２年の約４２８億円から、２０１７年には約６４０億円にまで伸びている。まったく分譲の進んでいなかった波根地区工業団地は、ここ数年で約4ヘクタールの分譲が終わり、残りは1ヘクタールのみとなった。県下最安値の分譲価格でもあり、この好調が進めば、今後もさらなる成長が期待できるかもしれない。

さらに、最近になって大田市が力を入れているのがIT企業の誘致。2019年までに7つのIT関連企業が進出している。どうも島根県が協力しているらしく、松江市の成功例を受けての実施らしい。二番煎じのような気がしないでもないが、これらの企業が地域振興に携わる意義は大きい。実際、コロナ禍によって急減した市内の飲食店を応援するため、大田市と進出企業7社が協力して、大田市飲食店応援ポータルサイト「ｍａｉｎａ！美味な大田」を立ち上げ、独自に発行した「おおだ飲食店未来応援チケット」の普及に務めている。この取り組みには、飲食店だけでなく、旅館やスナック、バーなど103店舗が参加。9月時点でのチケット販売枚数は8500枚を超えている。2000円のチケットで2500円分の飲食利用ができるから、単純計算で2125万円分も売り上げている。このような動きを迅速に図れたのも、市内に進出した

ＩＴ企業の協力なくしてあり得なかっただろう。一見すると、地元経済とは関係なさそうに見えるＩＴ企業だが、その発想力やスピード感は、近代産業化が遅れに遅れた島根県の弱みを補って余りあるもの。こうした動きは県内全体に広げていくべきだろう。

大田民は職人気質で、昔ながらの街を維持することには長けている。それは大きな強みでもあるが、逆に変化を受け付けない頑固さもある。こうした気質は商業には向かず、むしろ工業などで大いに発揮されるはずだ。また、ＩＴ化はインフラの未整備に関係なく、産業を振興させる手段にもなる。地元ならではの商業施設がなくなるのは寂しいかぎりだが、今後は新たな血も入れながら、産業の育成に取り組むべきだろう。

頑固なまでの保全活動が石見銀山にもたらす弊害

路線バスもなけりゃ駐車場もない！　アクセスは超不便!!

ベタではあるけれど、島根県に来たのなら石見銀山を訪れないわけにはいかない。ただ、いくら移動制限が解かれていたとはいえ、取材をしたのはコロナ禍の真っただ中だったので、今回はできる限り滞在日数を減らす弾丸日程。ゆっくり石見銀山観光を楽しむ時間的余裕はこれっぽっちもなかった。

というわけで、筆者はレンタカーで要所を巡ろうと考えていた。まず最初に訪れたのは世界遺産センター。そこで情報収集をしてから、取材ルートを選定しようとしたのだ。ところが、案内人に車で行けるスポットを聞いてみると、「基本的に車では行けません。ここからバスに乗って移動してください」と、さらっとあしらわれてしまった。しかし、バスに乗り換えて各所を回ろうとすると、どうやっても1時間以上はかかる。いちおう石見銀山のふもとにある石見銀山公園には駐車場もあるのだが、そこも満車状態。筆者と同じように横着して車で巡ろうとした人たちが、駐車場に入るために列をなしていて、プチ渋滞を引き起こしていた。そこで周辺のコインパーキングを検索すると、まさかゼロ。万策尽きた筆者は、世界遺産センターに引き返し、結局バスに乗るというとてつもないタイムロスを喰らってしまった。

正直、憤懣やるかたない思いだったが、これほどまでに駐車場がないのは、石見銀山と周辺の街並みを保存するためでもある。保存活動の先頭に立ったのは「大森町文化財保存会」。発足のキッカケは、1956年に大田市と合併した直後、町内の文化財が埋没してしまうのではないかという危機感からだった。全町民が参加したというのだから、その団結力たるやハンパじゃない。大森町に戦前からある建築物は、住居としても現役。勝手気ままなリフォームはせず、「建築当初に戻すための工事」しかしていない。

また、2007年に世界遺産登録が決定すると、観光客が倍増。当初は路線

石見銀山周辺を観光するためには、2キロ以上も離れた世界遺産センターからバスに乗って行くしかなく、正直めんどくさい

バスの本数を増やすことで対応していたそうだが、大森町の住民が利用できなかったり、排気ガスなどの環境問題が危惧された。そこで取り入れられたのが「歩く観光」と「パーク＆ライド」。基本的に観光客には世界遺産センターで車を停め、バスで石見銀山公園まで行ってから徒歩やレンタサイクルで周辺観光を楽しんでもらうという方式を採用した。

ただ、こうした取り組みが成功を収めているのも事実である。代官所跡周辺の街並みは、まさにタイムスリップしたかのようなホンモノ感にあふれている。個人的には京都の花街なんかよりも、歴史的遺構としての雰囲気は強いように感じた。町域が狭く、徒歩で巡りやすいという点もメリットのひとつだろう。こうした古民家に若い世代などのオシャレなカフェなどがあり、観光客たちは思い思いに散策を楽しめる。

また、容易に行けない不便さは、観光客が増えすぎて街のキャパシティを超えてしまうオーバーツーリズムなどの観光公害を予防する手段としても有効だ。たとえば同じ世界遺産の白川郷でも、オーバーツーリズムを解消するため、自家用車での乗り入れを制限したりもしている。知ってか知らずか、石見銀山ではすでに実施されていたことになる。

だが、その一方で石見銀山の観光客は年々減少の一途をたどっている。２０１４年には約43万人だったが、２０１８年には約24万人と、わずか4年でおよそ半減。２０２０年以降は、コロナ禍もあるのでさらに少なくなるはずだ。保全する意識は素晴らしいとは思うが、メインとなる観光産業が立ち行かなくなったら元も子もない。

個人的にはもう少しだけ駐車場があったほうがいいように思うんだけど、どうだろうか？

石見銀山見学者数の推移

年	人数
2003年	40,279
2004年	42,657
2005年	56,567
2006年	95,260
2007年	363,152
2008年	363,814
2009年	239,129
2010年	196,495
2011年	192,516
2012年	150,529
2013年	186,089
2014年	149,143
2015年	116,262

※龍源寺間歩有料入場者数より作成

「東京から一番遠いまち」の江津ポテンシャルはナンバーワン？

移住のターゲットはクリエイター！

２０２０年１月、突如として江津市が注目を浴びた。安倍首相（当時）が施政方針演説で江津市に触れたからだ。

「東京から鉄道で7時間。島根県江津市は『東京から一番遠いまち』とも呼ばれています。20年以上、転出超過が続き、人口の１割に当たる２８００人が減少した町です。しかし、若者の起業を積極的に促した結果、ついに一昨年、転入が転出を上回り、人口の社会増が実現しました」

政府が主導してきた地方創生策が、結果を生みつつあるということを強調した演説である。島根県の中堅市町村にすぎない江津市が首相の施政方針演説で取り上げられるのは、おそらく後にも先にもありえないことである。

さて、「東京から一番遠い」というキャッチフレーズは、2007年の地理Aの高校教科書に記載され、江津市のホームページでも紹介されている。近年、地方都市で流行中の自虐PRに近い。ときに自虐PRは市民から反感を買うこともあるが、江津市の場合、鳥取県選出の石破茂議員からイチャモンがつけられた。「本州で鉄道を使えば」という条件を首相が説明せず、「我々山陰の人間は『東京から遠い』と言われることに極めてナーバスになりがち」と指摘したのだ。

というわけで、当の江津民に話を聞いてみようじゃないのってことで、江津駅周辺を歩いていた（なかなかいなかったけど！）人に話を聞いてみたところ、「どうでもいい」ことのようである。ある子連れファミリーが苦笑しながら「そういうPRもありなんじゃないですか?」と答えれば、部活帰りの中学生は「だいたい島根はそんなもん」と開き直っていた。まあ、江津市で暮らしていれば、東京からの距離なんて気にしたこともないだろうし、肯定も否定もする理由がないのだろう。

だが、江津市はけっこう本気で、この自虐PRを活用している。２０１６年には『東京なんてフっちゃえば？展〜東京からいちばん遠いまち島根県江津市からの提案』なんていうイベントを東京渋谷のヒカリエ（地下鉄とつながった複合ビルのことね）で開催。地元クリエイターなどを呼び、トークセッションを行ったところ、３日間で約１０００人を動員したらしい。

こうしたプロジェクトは、江津市が取り組んできた定住・移住支援策の延長線上にある。なかでも、江津市がクリエイティブ分野に大きく舵を切ったのは、「江津市ビジネスプランコンテスト」がキッカケだ。もともと２００６年から移住支援をあれこれと打ち出していた江津市だが、これがなかなか結果に結びつかなかった。最大の理由は、他市と同様に仕事がないから。そこで、江津市では自ら仕事を生み出せる若い創業者にターゲットを絞って、アピールを続けた。もともと空き家は多く、しかも賃料は激安。これが都会ではなかなか賃料をねん出するのさえ難しいクリエイターたちの目に留まった。このプロジェクトはなかなかの効果を発揮していて、２０１９年時点で、22件の創業、60人の新規雇用を生み出し、約３億５０００万円も売り上げたそうだ。プロジェクトがうまくいった要因は、日本海信用金庫、江津商工会議所、桜江町商工会、江津市、NPO法人てごねっと石見の5者が、企業者支援を総合的に実施したからだ。資金面から創業後の支援まで、至れり尽くせり。提案されたビジネスプランについても、地元の商店主たちがアドバイスをするなど、まさに町ぐるみで受け入れてきた。今も毎年開催される最終審査会には、市内外から100人以上が参加する一大イベントにもなっている。人口2万4000人ほどの小さな町だからこそ、団結しやすかったのだろう。こうした取り組みは、近年になって全国的に見られるようになったが、10年にもわたって継続して取り組んでいる自治体はそうはない。自虐的な街かと思いきや、なかなかの先見性である。

江津本町の歴史的町並みは石見銀山以上!?

だが、こうした動きにあまり好意的ではない古くからの地元民がいることも事実。彼らがもっとも望んでいるのは「クリエイティブな江津」ではなく、「歴史豊かな江津」である。なかでも、天領として歩んできた江津本町周辺では「甍街道プロジェクト」と称し、江戸から明治期に至るまでの建築物の修景・保存にあたっている。ぶっちゃけ意固地なご老人が騒いでいるだけかと思ったが、実際に散策してみると、江津本町の街並みは風情がある。筆者は写真（ジオラマっぽく撮影）を趣味にしているのだが、ここは街のあちこちに絵になる風景がある。現代的なオシャレカフェもなく、当時のままという雰囲気が実にいい。完全な私見ではあるが、石見銀山や出雲大社を差し置いてもっとも好きになった街であった。

というわけで、クリエイティブな創業支援も、江津本町の歴史的な街並みも、江津市がもつ資源はまだまだ成長過程にあるのではないかと思う。どちらも江津の素晴らしい宝である。だからこそ、今度は「クリエイティブ×甍街道」なんて、コラボしてもいいんじゃなかろうか。新旧住民は相容れない関係ではなく、共存できると思う。市内に越してきたクリエイターたちに、甍街道を発信してもらえば、歴史的遺構がもつアート性を興味のある層に発信できるから、認知度を広められるはずだ。ただ、江津本町にオシャレカフェとかは絶対に要らない。せっかくのムードをぶち壊しかねない。

街の至るところにさりげなく撮影スポットがある江津本町は、カメラ好きが散策するにはもってこい。この風情は絶対に残すべき！

天領だった江津本町は、古くからの江津民のプライドの地でもある。とはいえ、今のままじゃ地味すぎるんだよな〜

美郷町が推進する空の駅構想の強烈インパクト

貧弱な交通網をドローンで補う！

江戸の昔、天領だった美郷町は、大田市のちょうど真下、三瓶山のふもとにある。三江線が廃線して以来、鉄道空白地帯にもなっていて、いわゆる島根県の典型的な中山間地域を形成している。おもな産業は温泉なんだけど、知名度も観光客数も超ビミョー。高齢化率も45パーセントを超えるなど、消滅も危惧される過疎地域である。

平成の大合併では、旧邑智町・旧大和村と合わせて、行政的にも文化的にもゆかりの深い川本町とも合併する予定だったが、川本町が総工費約35億円をかけ建設した「悠邑ふるさと会館」の負債をめぐって、旧邑智町と対立。同館は川本町が期待を込めて建設したので、旧邑智町の物言いに勘弁ならず、合併協議からあえなく離脱してしまった。ちなみに、川本町は隠岐をのぞく島根県内で唯一の平成の大合併に参加しなかった自治体だ。

そんな美郷町を、あえて本書で取り上げた理由は、田舎の過疎タウンが何やら最先端タウンへと変貌を遂げそうだからだ。

2019年9月、美郷町議会で「空の駅構想」が議論された。これは、町内全域でドローンの飛行を可能にして、荷物の運搬ができるようにするため、拠点整備を進めるというもの。美郷町は、そのほとんどが丘陵地帯で、交通インフラが脆弱そのもの。仮に災害などで国道375号や県道40号に不測の事態が発生した場合、ガチで陸の孤島になる可能性が高い。また、住民が一カ所にまとまるほどの平野部がなく、だだっ広いだけの町域に、小さな集落が点々としている。そのため、今後人口減少が進んだ場合、郵便・宅配業者等による配送ネットワークが維持できなくなるかもしれない。そこで、国の許可を得た上で「空の駅」を整備しようってわけだ。要するにドローンによる物流網を整備しようというのだ。

一般的なドローンが1回の充電で飛べる約10キロおきに、ドローンの充電や荷物の受け取りなどができる拠点を町内に計6カ所設ける予定だ。拠点となるのは公民館などで、太陽光発電設備や蓄電池なども設置するという。こうした取り組みが小規模な町村から国交省に提案されるのは、異例中の異例。何もないからこそできた発想と言えなくもない。

上場企業が続々参戦！　ハイパー公民館が誕生する!?

このドローン構想は、２０２０年に入って実用化に向けた実験が行われている。残念ながら筆者が訪れた際にドローンは発見できなかったが、どうも最先端の企業が美郷町内で、実証実験を行っているという。こうした美郷町の取り組みは、２０２０年に入って、さらなる進展を見せる。なんとドローンによる物流だけにかぎらず、ＡＩやキャッシュレスにまで及んで「美郷町版遠隔医療」を実現すると意気込んでいる。

そんなまさか、と思う人もいるかもしれないが、すでに民間企業も動き出している。たとえば、東京に本社を置くＩＴ企業が、位置情報や映像などの各種情報をリアルタイムで配信可能にするドローンを導入する予定だ。映像やサーモグラフィーなどをリアルタイムで配信できるとあって、災害や救急分野で、人命を救うインフラになる可能性を秘めている。

国から事業指定を受けたことで、今度は日産とも連携を発表。これは災害時に大規模停電が発生した際、避難所などに設置した電気自動車を電力源として活用するというもの。おそらく「空の駅構想」で使用され公民館などに設置するのだろう。

この構想は国による補助金、さらに上場企業の参入などによって、にわかに実現性が増してきている。２０２４年には整備を完了させる予定だ。近い将来、ド田舎の公民館が超最先端技術の粋を結集した「ハイパー公民館」になっているかもしれない。避難所ぐらいにしか使い道のなかった公民館の新たな可能性として、全国の過疎地の希望の星となれるのか注目だ。

粕淵駅で見ることのできる三江線の廃線跡。筆者が訪れた際、鉄道オタクが一眼レフのシャッターを切りまくっていた

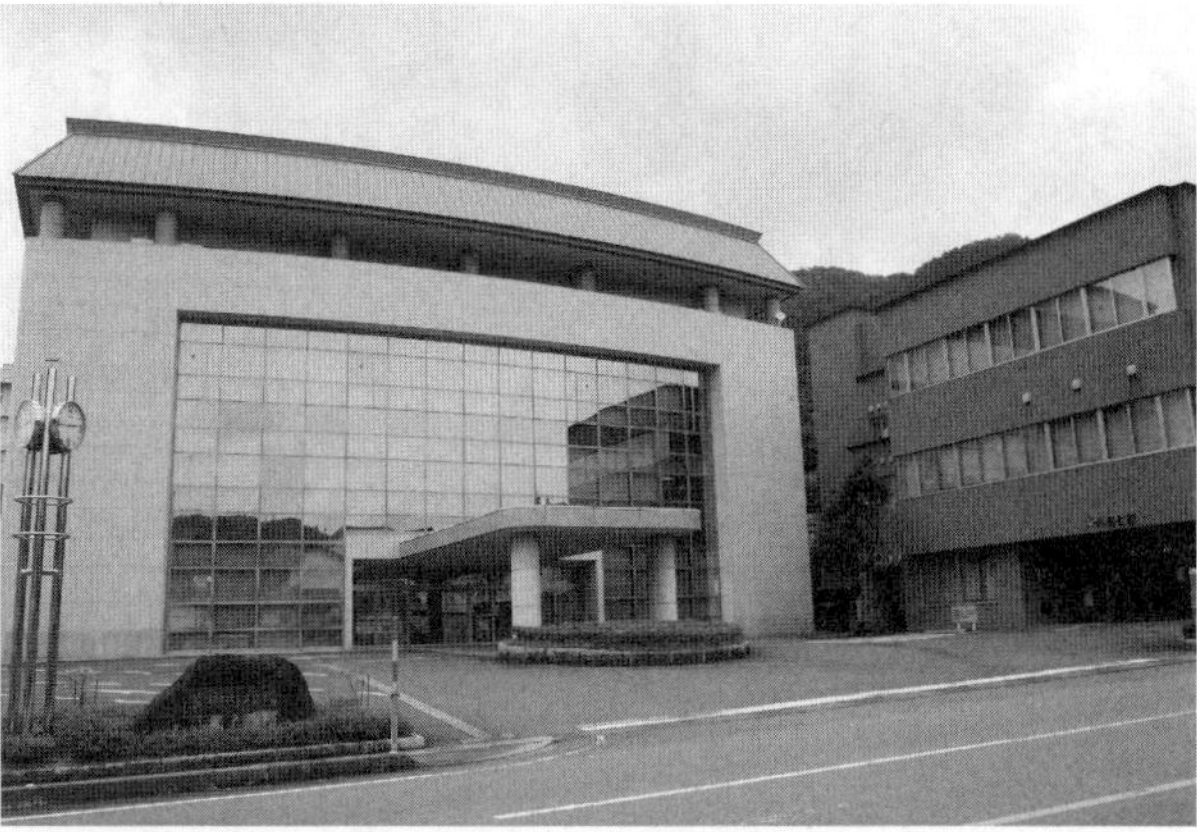

2024年にはまさかのハイパータウンに変貌を遂げそうな美郷町。発想ひとつで地方の課題を解消できる事例になるかもしれない

石見国の中心地のはずが個性が定まらない浜田市

歴史的には石見国を代表する都市なんだけど……

浜田市には、古代石見国の中心地があったと推定されている。古代の辞書ともいえる『和名抄』によれば、石見国府は那賀郡にあったと記され、現在の浜田市も含まれている。その浜田市には、上府、下府という地名が残っており、下府には国府跡の石碑が建つ伊甘神社がある。まだ確定しているわけではないが、伊甘神社の周辺に、御所、御館府などの古字名も残っており、総社も合祀されているので、国庁はこの神社の周辺に眠っているとされているのだ。

中世に入ると、この地の豪族であった三隅氏が隆盛。現三隅町に難攻不落の三隅城を築城し、南北朝の動乱期には、足利尊氏方の大軍に包囲されるも耐えきったとされる。その後、三隅氏は尼子氏によって滅ぼされ、江戸時代に入ると浜田藩が成立。浜田藩は幕末に幕府軍についたが、攻め入った長州軍の勢いに押され、戦わずして無血開城。のちに長州藩の支配となる。その後、廃藩置県によって一時は大森県となったが、浜田県に改称。その後、島根県に併合され、現在に至っている。

というわけで、ここまでは第1章で説明しきれなかった浜田市及び石見国の歴史を辿ってきた。その歴史的背景から、浜田市が石見国の政治的・文化的中心地であったことはわかっていただけただろう。浜田市の市街地が浜田駅前周辺じゃないのは、浜田城（現・城山公園）を中心とした城下町を、そのまま現在でも中心市街地として利用しているからでもある。

ただ、石見国の中心地というわりには、現在の浜田市には歴史的遺構がほとんどない。松江市や出雲市、大田市といった街はあれだけ保全や改修などを繰り返して今に伝えているのに、浜田市にはまるで歴史を感じられないのだ。というのも、浜田藩は長州藩に攻め入られた際、城下町に火をつけて松江藩まで逃げてしまったため、当時の面影が中心市街地に残されていないのだ。その後、浜田市には広島から転営してきた旧陸軍歩兵第21連隊（通称・浜田連隊）が入ると、1899年には浜田港が外国貿易港に指定され、商港としてにぎわい、朝鮮やロシアとの交易が盛んになった。こうして浜田市は、日露戦争や太平洋戦争に参戦した浜田連隊と浜田港がシンボルとなった。

浜田連隊にいた辰巳栄一は、戦後に影の軍事顧問として暗躍。GHQとの調整役として、自衛隊の創設にも関与した。しかし、ご存知の通り、戦後に入ると、旧日本軍の存在は邪険にされたし、しばらく日本軍の遺構が観光地化されることもなかった。かろうじて当時の記憶を辿れるのは、浜田高校に隣接している浜田連隊の石碑だけである。その石碑もかつては保存会が管理していたが、2003年を最後に保存会とは連絡がつかなくなってしまったらしく、浜田高校が時折草むしりなどの手入れを行っているそうだ。また、浜田港も1921年に山陰本線が通ると、海運は低調になり、戦後には漁港やコンテナ港として整備され、現在に至っている。

このように、浜田市の深いはずの歴史多くは、そのほとんどが闇に葬られてきた。そのせいで石見国の中心地だったわりに、どうも島根県内では存在感が薄い。島根県の文献をあたってみても、浜田藩の記述はあっても、浜田市の現代史をたどる史料は極めて少ない。本来は、松江市と出雲市、大田市と並び立つ島根の代表的な都市のはずなのだが。

単なるロードサイドタウンと化した浜田市

現在の浜田市は、完全なロードサイドシティになっている。国道9号沿いに大型店舗が並び、ゆめタウンやゆめマートがショッピングの中心地となっている。かつて職人の街として染め織物工場などがあった紺屋町商店街をはじめとして、市内の商店街はどこも閑散としており、空洞化が著しい。何とか商店街も独自に振興策などを打っているが、正直人の流れを変えるまでの効力は発揮できていない。

現在、唯一といってもいい浜田市のウリは、浜田漁港に揚がるノドグロやアジ、カレイといった魚介類である。とくにカレイは全国有数の水揚げ量を誇っている。近年になってようやくブランド化を進めているが、下関のフグだったり、大間のマグロのような強烈なインパクトはない（ウマいんだけどね）。

ここまでの浜田市の歴史を辿ってみると、浜田市は、どうも主体的にまちづくりをしていこうとする意欲が弱いように思う。松江市だったら松江城、出雲市だったら出雲大社というランドマークがないのは確かに痛い。長州藩に攻められたり、太平洋戦争の敗戦など、さまざまな不遇はあったし、歴史に翻弄され続けたのは事実だ。ただ、現在の行政の施策を見ていると、城下町だったり、港町だったりと浜田市をあれこれPRしようと試みていて、手を変え品を変えているようにしか見えないのだ。水産業を最大の強みにしたいのなら、もっと海産物を取り扱う横丁だったり市場だったりがあってもいいはずなのに、市内に散らばる個人店任せになっていて、観光客はどこに行ったらいいのかわからない。漁港の近くにはけっこう空地もあったし、ガッツリ開発してもいい。でも、継続性がないので、浜田市のアイデンティティが定まらず、右往左往を繰り返すばかり。もうちょっと腰を据えて、どんな街を目指すのか改めて考え直してみたほうがいいんじゃないか？

伊甘神社の境内にある国府跡。古代石見国の中心地であったことを示す史跡なはずなんだけど、地元民でさえ存在を知らない

浜田市の深い歴史を何とかまちづくりにつなげたいのはわかるが、そのわりには案内看板などもほとんど見当たらない

イケイケの浜田気質が街の発展を阻んでいる!?

石見人のなかでも浜田はヤンチャ系が多い!?

島根県には「石見男に出雲女」という言葉がある。西の石見人は、山の民と漁師の血を引いているため、激しい気性で短気、東の出雲人は古い文化を受け継ぎ、優雅で気が長い。もともとは「東男に京女」ということわざが転じたもので、結婚するなら石見のような短気だが切符のいい男性がよく、女性は辛抱強い出雲人がいいという意味である。

また、益田市出身の作家である田村修一郎は、「石見のもつ古さは単純だ。それはどこか原住民的な古さがあって、時代を経るにしたがって深まり、沈静し、磨きを加えるといったような古さではない。むき出しであり、古さのままに枯れ、そこに何か頑固な強さがある」と評している。昔の表現だから、ちょっとわかりづらいかもしれないが、要するに、頑固一徹で、洗練された歴史ではなく原住民的な荒々しさがあるという意味である。この辺は浜田市も同じ石見の大田市や益田市と近いものがある。ただ、浜田市には石見銀山がないため、大田市に比べて、より資源に乏しい。さらに自然は単調で、生産性が低かったため、積極的に外部へと出ていく必要があった。中世から朝鮮やロシアと貿易をしてきたことからもわかるように、浜田民は他市に比べても気質がオープンだ。漁師も多かったので豪快な人も多く、物言いは極めてストレート。今でも外国人と交渉する際は結論から話すことが重要視されており、これは貿易をするにあたって身につけていった処世術だったのだろう。その反面、飽きっぽかったり、目立ちたがるので、あまり物事が長続きしない。この辺は前項でも述べたように、まちづくりによく表れていると思う。

筆者は県内各地で夜の街を歩いてみたり、実際に地元の人が集まる酒場に立ち寄ってみたが、どちらかというと石見人のほうが親しみやすさを感じた。筆者の出身地が港町ということも影響しているのだろうが、居酒屋での接客態度は威勢がよく、ハキハキとしていて心地がよかった。もちろん、出雲の酒場で悪い気分になったわけではないが、出雲は物静かで品の良さがにじみ出ている印象だったので、やや遠慮がちになってしまったのだ。

また、荒々しい気質を反映してか浜田市や益田市の夜の街には、どうもヤンキーっぽい若者が多い。偶然かもしれないけど、なぜか柄物のハーフパンツ率が異常に高い（地元のバーのマスターも同意してくれたし）。髪色も金髪、茶髪は当たり前で、真っ赤に染めた若い女性も見かけた。これも出雲とは大きなちがいである。まあ、早い話が浜田民はイケイケなのだ。

浜田民が愛着を感じているのは島根より広島

で、浜田のもうひとつの特徴は、広島と縁が深い点にある。山陽本線や浜田自動車道で広島と結ばれているため、浜田民は遊びに行くなら県内の他市よりも広島へと向かう。逆に、広島人も「海水浴なら浜田」というように、浜田市に来ることが多い。瀬戸内海は海が汚いと評判なので、昔から石見海浜公園の海水浴場が人気スポットになっているのだ。広島駅のすぐ近くに浜田市の特産品をそろえる産直ショップもあるし、浜田民は島根県よりも広島県に愛着を感じているのだ。

居酒屋で広島カープの試合を熱心に観戦していたある浜田民は「浜田は広島、益田と津和野は山口と縁が深い。松江とか出雲は子供の頃に行ったっきり。知り合いがいなきゃ行かない」と出雲を完全に無視。

浜田市を筆頭に、石見人は各都市でそれぞれ依存している街が異なっている。積極的に外部へと出ていく気質がよく表れているとも言えるが、そのぶん島根県への帰属意識が希薄なのだ。そのため、松江市や出雲市と連携する気はなく、まったく異なる地域だと捉えている。これは、石見の中心地である浜田市と、出雲の中心地である松江市を比べるまでもなく、後者がすべてにおいて上回っていることも関係しているのだろう。実力差が拮抗しているとライバルとなり、切磋琢磨してお互いにいい刺激になったりもする。しかし、島根の場合はすべての重点が出雲に傾いてしまっているので、浜田市がどんなに背伸びをしても実力差が埋まることはない。別にいじけているわけでもなく、交流することもほぼないので、お互いが意識をすることもないのだ。

ただ、県内でバチバチと険悪になりすぎるのもどうかと思うが、まったく対抗意識がないのも問題じゃないだろうか。「ウチはウチ、ヨソはヨソ」という意識で、それぞれがマイペースになってしまい、まちづくりなどがスローになってしまうからだ。松江市や出雲市は深い歴史にもとづいたまちづくりをしているからまだいい。だが、浜田市のように、本来は実力があるはずなのに他県の都市部に依存してしまうと、せっかく残している伸びしろの部分を埋められずに終わってしまいかねない。そんなことを繰り返しているうちに、時代に翻弄されるどころか、完全に取り残されてしまうかもしれない。浜田市が停滞しているのは、こうした浜田民の気質や置かれた環境も影響しているのではないだろうか。過去の栄光だけでなく、そろそろ石見地方を引っ張っていける頼もしいリーダーになって、出雲の連中をギャフンと言わせてやろうじゃないの！

浜田民の気質
伝統芸能の石見神楽「どんちっち」推しだが、イマイチピンときていない
ノドグロが高級魚扱いには戸惑うばかり
合併により「市の積雪量が増えた」がやはりピンとこない人が多数
広島市民の観光地なので、ぶっちゃけ島根県よりも広島県とのつながりを求めている
漁港と浜田高校の野球部が誇り
益田市とライバル関係にある
浜田マリン大橋を誇って良いのかどうか迷っている

※現地取材などにより作成

水揚げ高も後継者もジリ貧頼みの綱は浜田港の海産物

振興策をどれだけ練っても効果はほとんどなし！

本書シリーズの取材で、毎回楽しみにしているのが地元グルメを食べることだ。県をあげてPRする特産品から地元民が通う名物食堂まで、県民の食生活を知るべく、あちこちでメシを食べ歩く。その中でもなるべく多くの品目に触れるなら、やはり居酒屋が最適（酒が飲みたいだけ？）。地元ならではの一品料理を数品頼み、地酒をあおる時間は、まさに至福である。

というわけで、島根取材中の夕飯は、すべてチェーン系ではない地元の居酒屋で済ませた。松江から益田に至るまで、実にさまざまな店に行かせてもらったのだが、各地域の特色がよく出ており、さらに美味いものばかりだったので舌鼓を打つ毎日だった。そのなかでどの地域でも共通してメニューにあり、めちゃくちゃハマったのが赤天だ。松江なら板ワカメ、隠岐ならカメノテと、ご当地でしか食べられないグルメもたくさん口にしたが、赤天だけは県内のほぼ全域で食べられる。その上、安くて酒が進むとあって、ほぼ毎日のように注文していた。地域差というよりも、店によって食べ方がちがったり（揚げ具合とか）して、出雲も石見も関係なく、県民共通の食品として広く親しまれていることを痛感した。土産物屋にも必ずといっていいほど並んでたしね。

赤天は、浜田市発の県民グルメとして、その名を知らしめている。それ以外の名産も「どんちっち三魚」のような海産物ばかりだ。浜田市の産業のなかで、もっとも重視されているのは水産業である。なかでも、赤天をはじめとする水産加工品の工場は、市内の経済を支える屋台骨。そのため、市長は「何よりも優先するのは水産業の振興」と、堂々と宣言している。

ただ、ご自慢の浜田港も１９９０年の水揚げ量19万８０００トン、１１６億３０００万円をピークに年々衰退。水産関連の事業所数も１９９８年に２７５だったものが２０１８年には１２３となり４割以上も減少している。しかもそのうち、1000万円以上を売り上げている経営体は8しかない。また、就業者数288人のうち、115人が65歳以上と高齢者が多く、後継者不足も浮き彫りになっており、その状況は厳しさを増している。

そこで、市では総合振興策をまとめ、「地元漁船の存続」「担い手確保」「販路拡大」などを揚げて、取り組みを続けている。老朽化した漁船を改修し、漁港の整備も折居漁港をのぞいてほぼ完了。新規漁業研修者も年々増加しており、取り組みの成果は少しずつ表れている。ただ、2019年の水揚げ高は過去30年で最低の約1万2千トン。ここ30年続く下落傾向を食い止められず、もはや危険水域である。振興策の取り組みがどれだけ進んでいても、水揚げ高が上向かなければ漁港としては成功とはいえない。現在、将来的な水揚げ高に結びつくよう、ヒラメやアワビの稚魚・稚貝を放流し、栽培漁業への転換を図っている。栽培漁業は水揚げ高を安定させる方法のひとつだが、時間がかかるのが難点。こうした将来への投資を成功させるためには、まず漁業就労者の確保が最優先ではないだろうか。

干物ばっかじゃなくて赤天で勝負してもよくない？

そもそも浜田市の産業には大きな欠陥がある。水産加工業をはじめ、建設業や卸小売業など多岐に及んでいるが、そのほとんどが地域内での消費に大きく偏っている。つまり、浜田市の企業はどこも市内での活動がメインで、市外からの外貨を獲得できていないのだ。

地方都市における外貨獲得の主要産業は観光だが、前項でも述べたように浜田市には観光資源が極めて少ない。稼ぎ頭は石見海浜公園（海洋館アクアス含む）。２０１９年の観光入込客数は約１４９万人だが、石見海浜公園が約56万人と３分の１以上を呼び込んでいる。全体的な観光客数が減少傾向にあるなかで、年々増加している点も希望がもてるが、石見海浜公園に訪れるのは浜田市民が大多数で、あとは広島民か岡山民ぐらい。出雲大社や石見銀山と比べると、外貨獲得量は雲泥の差がある。観光地でいえば、石見海浜公園の完全な一強状態で、２位の石見畳ヶ浦でさえ約９万６０００人と10万人にも満たない。ただ、観光はどれだけ強化しても、そもそも目玉スポットに乏しいのだから、どうあがいても限界がある。

というわけで、頼みの綱が水産加工品なのだ。浜田市はカレイの干物生産量が全国シェアトップで、全国の流通網を広げようと画策しているのだが、カレイの干物って食卓ではけっこう特殊な部類なんだよね……。そこで、ノドグロの干物に乗り換えたっていうわけ。これはふるさと納税の影響もあって、けっこう人気があるらしい。ほかには、フグのみりん干しも特産として販売している。ってか干物ばっかじゃん！

かといって、新鮮な魚介類を売っていたお魚センターも閉店した。漁港の観光では朝獲れ魚介なんかが人気だったりするんだけど、もはや市内にさえ販路がない。そこで、筆者が推したいのが赤天である。これ、東京の居酒屋チェーンなんかに売り込んでみたら、けっこうウケると思うのよ。都内ではあまり見かけないし、単価も安いから、人気の立ち飲み屋なんかに置けば口コミで評判が広がるんじゃないかと思う。干物がウリっていうのもわかるんだけど、赤天の県外普及をちょっと視野に入れてみてはどうだろう？

観光資源と呼べるものは石見海浜公園だけ。訪問した際もファミリー層であふれ、駐車場には他県ナンバーも少なくなかった

浜田漁港はコンテナターミナル機能もあり、市内の産業を支える生命線。まあ、規模はかなり小さいんだけどね

インテリの歴史を愛する津和野民の不便な生活

石見らしさがないインテリな津和野

津和野町は石見にあって、石見らしくない街である。雰囲気も人も浜田や益田のような荒々しさがなく、むしろ洗練されていて人当たりも柔らかい。同じ山間部にある大田市の大森町に近い雰囲気もあるが、街のつくりは津和野町のほうがオープンだった。石見のなかでも特殊な空気を形成してきたのは、津和野が歩んできた歴史が関係している。

津和野が本格的に開けたのは中世の頃。山陰沿岸の防備のため関東武士の吉見頼行が入植し、2代をかけて一本松城（のちの三本松城）を築城。関ヶ原の戦いに至るまで、14代319年間にわたって吉見氏の治世が続いた。

その後、江戸時代に入ると譜代大名の坂崎氏が治め、津和野藩が成立。城の強化を図り、幾度となく大火に見舞われた城下町には、防火用水のための側溝を張り巡らせた。現在の殿町通りに残されている側溝は、このときの遺構であり、鯉が泳いでいるのは、蚊の大量発生を防ぐためだったともされている。城下町の整備に精を出した坂崎氏だったが、その治世はわずか16年で幕を閉じ、のちに亀井政矩が藩主となる。亀井氏は、領内の河川治水など、土木工事、鉱山開発で名を残し、3代で津和野藩の行財政を確固たるものにした。

なかでも、「石州半紙」の生産は藩財政を大いに潤わせた。大坂市場で高い評価を得た石州半紙は、広く全国に知れ渡り、4万3000石の小藩でありながら、15万石の収益をあげた。幕府からパトロン扱いされて、度重なる出費を求められたこともあるほどだった。当時、松江藩も浜田藩も財政難にあえぐなか、津和野藩だけはガッポリ儲けていたのである。

また、津和野民の気質に大きな影響を与えたのが、藩校である養老館。朱子学に通じ、書、禅、神道、兵学にも明るかった山口剛斎を学頭に、久米訂斎、柴野栗山、服部南郭らを招いて、広くさまざまな学問を取り入れた。まあ、名前を並べられたところで、どんな人物かはわからないかもしれないけど、養老館で教鞭をとった先生たちが、当時の日本で最高水準の学力レベルを誇っていたのは確かである。ただ、先生よりもむしろ誰もが知っているのは生徒のほう。日本哲学の父とも称される西周、文学者であり医師でもあった森鷗外など、全国区の著名人を輩出。養老館の存在は、今も津和野民の誇りであり、源流ともなっている。

この養老館で学問に勤しんだ藩主たちは、軒並み頭が切れた。なかでも11代藩主の亀井茲監は、幕末に皇統の正統性を主張する立場にたち、国学を推進。天皇支配による日本の近代化を叫び続けた。幕府と長州藩が戦争を起こした際には、「内乱は避けるべき」として、情報分析を行い、外交交渉によって津和野藩が長州藩に攻め入られることはなかった。松江に逃げるしかなかった浜田藩とはえらいちがいである。やや右翼思想に近い気もするが、西洋医学なども積極的に取り入れ、外国人留学生を受け入れる寛容さも持ち合わせていた。理性的かつ強い信念をもった名藩主だったのだ。

津和野藩を統治してきた武将や藩主たちは、いずれも街の発展に尽くし、さらに教育に重きを置き、現在も住民たちから崇拝されている。体よりも頭を使うことを美学としているので、直情的ともされる浜田や益田といった石見人とは一線を画している。早い話、津和野民は根っからのインテリ層なのだ。

町内にスーパーがたったの２軒しかない

津和野民の特徴は、こうした街の歴史を愛し、誇りにしている点だ。そのため、出雲や大森町と同様に、歴史的景観や農村田園風景の保存に務めてきた。全国に先駆けて、１９７３年に津和野町環境保全条例を定め、現在に至るまでまちづくりの根本に置かれてきた。

この条例の第４条には「土地利用に当たっては、良好な生活環境を保持するため地域の自然環境等に適合するよう努めなければならない。また、町は、適正な土地利用について町民に対して指導助言に努めなければならない」とある。つまり、町民は勝手に景観を崩すような建物をたてたりすることができないのである。さらに保存地区、特別保存地区など細かく定めている。

こうした保全条例で街並みを保存してきたが、新規出店などを阻む要因ともなっている。津和野町にはスーパーがわずか2件しかない。そのうち1軒は、日原町との合併によって増えただけである。旧津和野町エリアには、スーパーキヌヤがコーナンとともに立地しているだけ。駅前にコンビニすらない。というわけで、およそ日用品の買い物はスーパーキヌヤに頼るしかなく、駅からけっこう離れているのに、平日の昼前から大盛況。驚いたのは殿町周辺で出会った、腰の曲がったおばあちゃんとスーパーキヌヤで再会したこと。買い物が終わると来た道を戻っていったことから、かなりの距離を歩いてきたのだろう。徒歩しか移動手段がないのだろうが、せめてコンビニが1軒でもあればちがうだろうに……。

まあ、観光がメインの産業なのだから、街並み保存も大切なのはわかるけど、高齢化が進んでいる今、もう少し街の利便性を考えたほうがいいかもしれない。電車で来る観光客もそのほうが助かるだろうしね。

旧津和野町エリアの日用品を一手に引き受けるキヌヤ。昼前から大盛況で、喫煙所ではオバチャンたちが井戸端会議をしていた

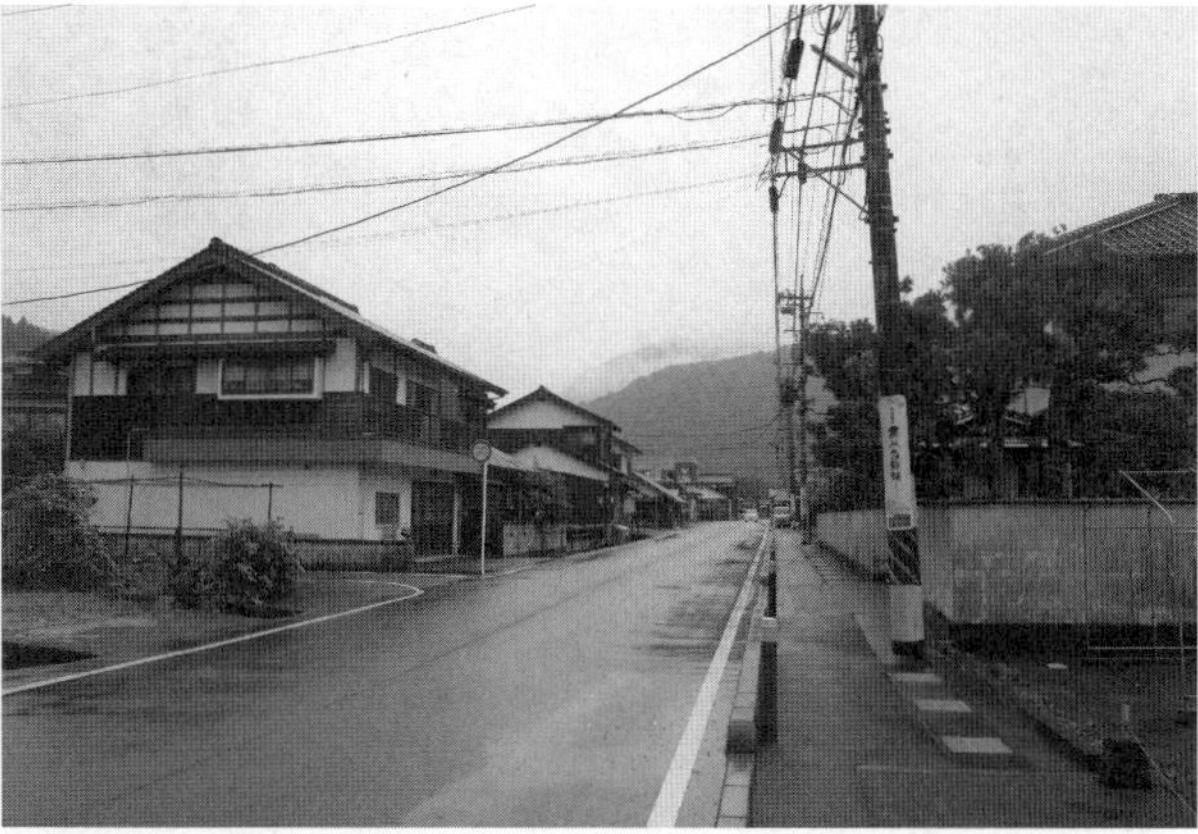

津和野町内の家は、どれも似たような古民家ばかり。これも景観条例が大きく影響しているのだろうか!?

昭和期のにぎわいも今は昔
実はヤバかった津和野の観光

昭和50年代にブームとなった「山陰の小京都」

益田市にあるバーで、マスターと島根トークになった際、「津和野はいいですよ～、とくに温泉はオススメです」と紹介され、期待感で胸を膨らませていた。「山陰の小京都」という触れ込みを事前に聞いていたし、近隣住民の評価も高いとあれば、いい観光地だと思うのも当然だろう。ただ、あまりのんびりもしていられないので、温泉はパスして、まずは津和野駅で車を停めて周辺を散策した。確かに殿町通りは城下町としての雰囲気がたっぷりあるし、駅前商店街には昭和の名残りを感じた。ただ、コロナ禍の影響もあったのだろうが、店舗はほとんど閉まっており、人並みもまばら。混雑していない観光地は嫌いではないが、それにしても寂しすぎる印象だった。

昭和50年代の津和野は、全国的な小京都ブームに乗っかって、とてつもないにぎわいだった。ハイシーズンともなると、津和野駅前には人があふれ、殿町通りまで続く道は散策客であふれたらしい。当時は津和野町の狙いがバッチリ当たって、うれしい悲鳴がこだましていた。というのも、1971年に打ち出した「総合振興計画」で「観光的商業都市の建設」を目指していたからだ。その方針で掲げたのは、①農林・観光の基幹産業の振興、②町民所得の伸張と町財政の確立、③社会福祉の増進と町民生活の安定確保、④教育の振興、⑤勤労者の福利厚生施策の確立、⑥公害対策、⑦史跡の維持保全、⑧環境保全だった。この順番を見ればわかるように、当時の津和野町では、それほど街並み保全に気をつかっていたわけではない。観光客数の目標を100万人とし、それを実現するために青野山や城山を開発。さらに殿町通りの疎水に鯉を放流し、温泉や駐車場開発を急いだそうだ。

この計画に沿って、観光業に力を入れた結果、日曜祭日の自動車入り込み台数は1日3000台を数えた。さらに、鉄道による入れ込み客数はその数倍にも及んだという。ただ、こうしたブームにより、オーバーツーリズムの問題だ。街のキャパシティを超えた観光客を受け入れることで、津和野の街並みが壊れてしまうという危惧が街を覆うようになっていったそうだ。そこで定めたのが、前頁でも触れた「津和野町環境保全条例」だったのだ。

こうして、津和野民が誇りとしている〝小京都〟としてのアイデンティティを保ちながら、観光地化を図っていった。現在は毎年安定的に120万人前後が訪れる島根県第7位の観光地となるまで成長した。当初の目的は完璧に達成したといえるだろう。

偏りすぎな津和野の観光スポット

じゃあ、なんであんなに人がいなかったんだろうかと、いろいろ資料を探ってみたら、実は津和野観光の構造はけっこういびつで、観光客も月によってかなり偏りがある。2018年の観光入込客数は全体で約113万人。そのうち約26万人が1月に来訪している。次に多いのが11月で約10万人で、そのほかは

10万人に満たない。

津和野でもっとも観光客数が多いスポットは太皷谷稲成神社である。歴代の津和野藩主に庇護を受けてきた神社で、京都の伏見稲荷神社のように連なった朱鳥居が人気の神社だ。出雲大社に次ぐ初詣スポットであり、県内外から参拝者が訪れる。年間を通しての観光入込客数は約55万人にものぼり、津和野全体の観光客数の約半数を占めている。

太皷谷稲成神社に次いで多いのが、道の駅シルクウェイにちはら、道の駅津和野温泉なごみの里。いずれも年間約22～23万人を記録している。ということは、津和野に訪れた113万人の観光客のうち、100万人以上が神社と道の駅を訪れているのだ。津和野民が誇りとしている森鷗外記念館は約1万人ほどだし、現在売り出し中の日本遺産センターも約1万7000人にとどまっている。かつて鉄道路線で「山陰の小京都」を楽しんでいた観光客は、今や少数派となっている。

そのため、観光消費額が多い宿泊客は全体のわずか3～4パーセントほど。2019年まではインバウンド観光客をターゲットに振興策を考えていたが、

小京都というだけあって、散策はけっこう楽しいんだけど、いかんせんその区画が狭くて、30分もあれば終わっちゃうんだよね

旧鹿足郡役所として建てられた大正期の和風建築。現在は津和野町役場の津和野庁舎として使用されている

世界的なパンデミックでこれも計画の練り直しが急務となっている。完全なスルー型観光都市となっており、商店街も衰退しつつある。取り立てて目立つような土産物もなく、地場グルメを扱う食堂も少ない。そのため、観光に来ても、ほとんど街中で消費することがない。スルー型で観光消費額が少ないとあれば、産業としてはジリ貧である。津和野の観光は案外八方ふさがりなのだ。

今後、どれだけパッケージを整備しても、こうした構造を変えるのは難しいだろう。温泉宿も1軒しかないし(評判はいいけどね)、ホテルなんて建てたら、せっかく保全してきた街並みを壊しかねない。また地場グルメにも乏しいので、街の散策だけでは滞在型観光を増やす要因にはなりづらい。であれば、考えられるのは広域連携だが、『花燃ゆ』で山口県萩市と吉田松陰ツーリズムを企画したものの、これもカンフル剤とはならなかった。観光客はほとんど萩市に吸収されるだけで、スルー型観光を打破するには至らず。今後は、まったく新しい観点から広域連携の在り方を探っていく必要があるだろう。

ポストコンパクトシティを目指す益田市のチグハグなまちづくり

ＩＣＴを活用して街をコンパクトにする⁉

島根県は時代に取り残されてきたと何度も述べてきたが、松江市のＩＴ事業だったり、美郷町の物流ドローン化構想など、令和に入ってこれまでとは異なる先進的な動きも起きつつある。少子高齢化に歯止めがかからない今、こうした取り組みは、インフラも人材も乏しい地方都市が生き残るために必要な手段だと筆者は考えている。これまでのまちづくりはハード面ばかりが強調されていたが、今後は運用するためのソフト面を強化していくという考え方が重要ではないかと思う。

こうした新たな取り組みは、益田市でも行われている。その名も「ポストコンパクトシティ」。意味はよくわからなくても、なんだかスゴそうな響きではある。そもそもコンパクトシティとは、役所や病院、学校などの都市機能と住宅街を駅前などに集中させ、徒歩圏内で生活できるようにまちづくりを進めていくことを指す。すでに青森県青森市だったり、富山県富山市などでまちづくりが進められ、全国には成功例も失敗例も多数ある。おもに失敗するのは、昭和期に郊外型住宅があちこちに乱立し、モータリゼーションが進んだ街。生活の足を車で依存しているので、公共交通が発達しなかったので、コンパクトにまとめることができずに頓挫してしまうケースが多い。

益田市は見事にこの失敗ケースに当てはまる。県内でもっとも面積が広い自治体で、地域区分は20にも及ぶ。住宅街はあちこちに点在しており、駅前にすべての住民をまとめるのは、ほぼ不可能だ。そこで、益田市が考えたのはＩＣＴを活用したまちづくりだった。そのための情報収集として重視したのは住民との対話。市は人口拡大課を新設して、縦割り行政を突き崩すための施策にあたらせた。しかし、住民からの情報をとりまとめるための作業に忙殺され、調整や資料作成に追われる日々だったそうだ。

そこで人口拡大課では、クラウドサービスを導入し、さまざまな市民サービスを試験的に実施している。クラウドがなんのこっちゃわからんという人は、「インターネットを通じて、サービスを必要な時に必要な分だけ利用する考え方」だと捉えておけばいい。

実際に益田市で使用されているのは真砂地区で、地域の人々が家庭菜園で作った野菜を保育所の給食に使っているが、この野菜をやりとりするためにクラウドサービスを利用しているのだ。どんな野菜がいつ欲しいのか、保育所の職員が入力すると、家庭菜園をしている地域の人が期日に合わせて保育所に届ける。サービス導入以前は、ファックスを使用していたため、時間差や情報の行き違いが生じていたが、今は劇的に改善されたそうだ。

将来的には、交通不便地域などに住む高齢者に食材をオンデマンドで届けるサービスだったり、パブリックコメントをダイレクトに書き込めるシステムなどを開発していきたいと意気込んでいる。

街の区画を再編して、住居を移動してもらおうとすると、それだけコストも時間もかかる。だが、ＩＣＴを活用して、あらゆる行政サービスを集約できれば、広く市民の声を拾うこともできるし、タイムロスも大幅に軽減できる。益田市の「ポストコンパクトシティ」構想はなかなか興味深い試みといえる。

いまだにくすぶる益田駅の南北連絡橋問題

その一方で、益田市には、いまだ前時代的な発想が残っている。市議会の一部議員があきらめていないのが益田駅の南北連絡橋。２００６年の駅前再開発を計画していた当初、どうせなら南北の連絡橋も建ててしまおうと踏んだわけだ。ＥＡＧＡやグラントワは何とか実現したんだけど、南北連絡橋については費用対効果が見合わないとして頓挫した。まあ、この再開発でできたハコモノの現状を見るかぎり、そのほとんどが費用対効果に見合ってないような気がする。新天街が近すぎて、ＥＡＧＡに入ってるチェーン系の居酒屋は全然人が入ってないし。

また、２０１２年の都市計画マスタープランでも再燃したが、20億円以上の工費がかかるとして市民から批判を浴びた。２０１７年の同プランでは削除されているものの、駅前にはいまだに「南北連絡橋の実現を早急に！」という横断幕が掲げられている。

ある益田民によると、「まだ計画が完全に消えたわけじゃないらしいですよ。駅前に空地がけっこうあるんだけど、市はあそこをどうにか開発したいらしい。まだ具体的には何も決まっていないけど、その開発計画に合わせて南北をつなぐ歩道橋を作る腹づもりなんじゃないかと思う」という。あくまで一市民の憶測にすぎないが、大きな商業ビルなどができる計画ができれば、ペデストリアンデッキの建設計画などが立ち上がる可能性もありそうだ。

確かに、益田駅をはさんだ南北の横断はかなりめんどくさい。今のところトンネルを通って南北を往来するしかない。しかも、トンネルをくぐるには階段を昇り降りする必要がある。高齢者や障がい者にとっては不便極まりないのも事実だ。南北通路があった方が便利なのは間違いない。

でも、当の益田民は「あったら便利だけど、別になくても困らないかな」ぐらいの反応だったし、一部から強烈に反対されるぐらいなら、そろそろあきらめてもいいんじゃない？

益田駅前再開発で生まれたEAGA。入居テナントが居酒屋ばっかなのは、益田民がのんべぇばっかだからかな？

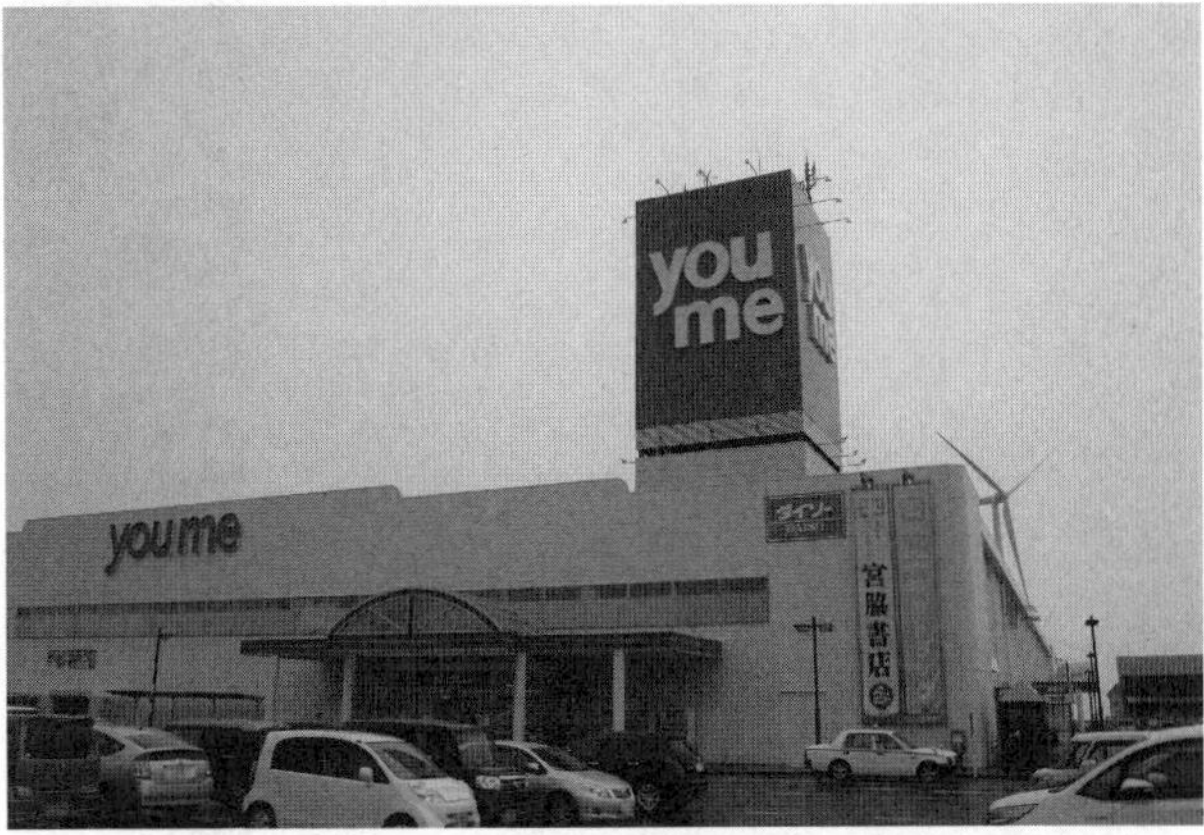

郊外にあるゆめタウンは、午前中から駐車場が8割ほど埋まっており、地元民の重要な買い物拠点になっている

産業振興を目指す益田市
秘策として広げすぎた人口増の大風呂敷

過疎という言葉が誕生した益田市の今

過疎という言葉は益田市から生まれたことをご存知だろうか。旧匹見町の町長が「過疎」という言葉を用いて、切実に町の窮乏を訴えたのが始まりだとされている。1963年、豪雪に見舞われた旧匹見町では、最大4・4メートル以上の積雪に見舞われ、7月まで雪が残り、1カ月以上の音信不通となった集落もあったという。こうした環境を嫌って家族ごと転居する集団移転が相次ぎ、高度経済成長の真っただ中にあった1960年からの10年間で、匹見町の人口は7186人から3871人へとほぼ半減。以降、「過疎発祥の地」と呼ばれるようになった。同町は益田市との合併に一縷の望みをかけていたそうだが、現在でもその傾向は続き、夫婦1世帯だけの集落さえある。同町域を含めた益田市全体の人口はついに5万人を割った。もはや当時の「過疎」が止まる気配はない。

そして、人口減少がダイレクトに響いているのが産業だ。益田圏域の雇用者の所得は約8割が建設業、商業、サービス業、公務などに依存する。これらの仕事は域内市場産業と呼ばれ、要するに市内で金をまわしているにすぎない職種である。しかも、域内市場産業の生産額のうち、4割弱が公共事業や交付税から支払われている。こうした公的マネーは年々減少傾向にあり、現状のままでは、先行きが不安だ。

そのため、農林水産業、製造業、観光業などの域外市場産業（市外から外貨を獲得する産業）を振興する必要があるが、市内の総生産額のうち、上位を占めるのはサービス業、不動産業、建設業で、この3業種がほぼ半数を占める。いずれも域内市場産業にあたり、人口が減少すると、それに比例して生産額は減少していくことになる。収入が少なくなるから、事業者は規模を縮小したり、廃業を余儀なくされる。そして、働く場所がなくなって、若者たちは県外に仕事を求めて転出してしまうという悪循環に陥る。現に、益田市の県内就職率は47・5パーセントと各都市部で最低レベル。なかでも、男性は42・9パーセントと、半数以上が益田市外で働いている。事業者は収入源に加えて、人手不足というダブルパンチに見舞われ、にっちもさっちもいかなくなっているのだ。

理想を語るのは飲み屋だけにしといてよ！

人口減少と産業の衰退による負のループの真っただ中におり、どこかで断ち切らなければならないのは明白。もちろん、市もそんなことはとっくに承知の上なのだが、その対策というのが夢見がちなのだ。賢明な地方都市は、人口減少をある程度受け入れて、少人数でも効率的に産業を振興する策を模索するのだが、益田市の場合は「人口の社会動態を10年後にプラスに転じさせる」と宣言しているのだ。

その目標を達成させる上での理念は、「感動できる商品・サービス」「田舎中心の価値観」「益田らしい地域の資源を活かす」の3つ。まあ、理念だから抽象的でも構わないんだけど、いったいなぜ「田舎中心の価値観」やら「益田らしさ」が人口減少を食い止めることにつながるのか、まったくもって理解に苦しむ。

じゃあ具体策が的を射ているかといえば、こちらもダメダメ。真っ先に挙げているのが「ものづくり産業の振興」。確かに製造業は外貨を獲得する手段のひとつではあるが、まだ山陰道さえ全通していないような状態で、どれだけ製造業を誘致しようというのだろうか。そもそも石見臨空ファクトリーパークでさえ半分以上も分譲が進んでいない。順調に業績を伸ばしている地元企業もあるけれど、劇的に雇用が増えたりするようなものでもなかろう。聞こえのいい産官学連携での人材育成などを掲げているものの、今の若者がはたして製造業に憧れて、地元に残る決断をするかはビミョーなところ。もう時代に取り残されるどころではなく、逆行しているといわざるを得ない。

理念が目標とズレまくっているし、残念ながら人口減少から人口増加に転じる自治体なんて全国を見渡しても数える程度。しかも、増えている自治体は、ほとんどが関東で、大規模な開発だったり、世界的に注目されるような出来事があったりしないと難しい。たとえば、千葉県一宮町という小さな自治体は、過疎に悩まされていたが、東京オリンピックのサーフィン会場に指定されたことがキッカケとなって人口増加に転じた。つまり、人口をV字回復させるためには、オリンピック級のインパクトがなければならないのだ。

理想を掲げるのはけっこうだけど、益田市はもう少し足元を見つめ直してみてはどうだろうか。新天街という歓楽街では、夜になると多くの若者（ヤンキーっぽい）が闊歩しており、バーなどで新たなコミュニティが形成されつつある。1階はハードロック、2階はレゲエ&ヒップホップというミュージックバーが2軒入るめずらしいビルがあるんだけど、いずれもライブスペースを兼ね備えていて、コロナ禍以前はイベントなどを積極的に開催していた。これが地元の若者たちに意外と浸透しつつあって、名のあるミュージシャンがライブをしていたりもするそうだ。ただ、こうしたムーブメントが起きているにもかかわらず、祭りなどに参加させてもらなかったりもするそうだ。仕事さえあれば若者が転出しないという考えは古い。それよりも街に活気があって楽しいと思わせるようなアイデアが、若者をつなぎとめるのだ。

農林水産業も益田市の重要な産業ではあるが、お隣の浜田市に比べると規模も小さく、産業の目玉になるのは難しい

夜になると、ヤンチャそうな若者が練り歩く新天街。見た目はワルそうだけど、話してみるとだいたい友達になれるヤツばかり

島根県コラム 4

石見神楽はミクスチャー？

島根県民共通の伝統芸能といえば、神楽である。神楽には宮廷で演じられる「御神楽」と、民間の社中で演じられる「里神楽」の2種類があり、前者はおもに神主などが行う神事としての色が濃く、後者は民間の祭りとして出雲、石見、隠岐の各地域でそれぞれ発展してきた。

たとえば、出雲神楽は、江戸時代初期に宮川兵部大夫が、佐太神社から京都に赴いて猿楽を学んで持ち帰ったことがキッカケで「佐陀神能」として作り上げたとされている。佐陀神能は神様に奉納する神楽で、120人限定で一般公開されるだけ、より神秘性が高い。この出雲流神楽をベースにして島根県内各地に広まっていったとも考えられている。

こうして出雲から伝わった神楽は、石見地方にもともとあった大元神楽と融合。さらに、能や狂言、歌舞伎などとミックスされて、現在の石見神楽として成

立したという。そのため、石見神楽はよりエンターテイメント性の高い神楽として一般大衆に広く受け入れられ、広島にまで伝わっていった。浜田のおばあちゃんは「見ていて楽しいのは石見神楽だよ」と自慢げに語っていた。

石見神楽の特徴は、「どんちっち」とも形容される激しいビート。一般的な神楽とは異なる軽快でリズミカルなお囃子は、演劇性やエンターテインメント性に富んでいて、石見神楽は出雲神楽や隠岐神楽に比べて観客が多く、あちこちの神社で行われている。そのため、石見神楽は出雲神楽よりもメジャーになり、東京などでも公演が行われるほどの知名度を確立したのだ。

これには、出雲人も忸怩たる思いを抱えているかと思いきや、石見神楽は出雲の小中学校でも教えられるほど、親しまれている。また、石見からの出張公演も行われていて、子供の頃から石見神楽に触れる機会は出雲神楽よりも多いそうだ。

また、ひとえに石見神楽といっても、神社やグループによっても独自性があり、たとえば広島の神楽はまた異なる個性をもっていたりもする。伝統芸能ではありつつも、常に時代に合わせて、さまざまな要素をミックスさせていく。その性質は、ロックミュージックでいえば、ミクスチャーとでもいうべきか。しかし、出雲が神事として頑なに残してきたのに対し、石見が大衆性を追求して激しくなっていったというのは、両者の気質を物語っているようで、何ともわかりやすい。荒くれものの石見人は、のんびりした神楽なんて、すぐ飽きちゃうんだろうなぁ。

第５章
秘かに盛り上がっている？
隠岐の島で今起こっていること

人が入れ替わり立ち替わり常に落ち着かない隠岐の独自性

古代から中世に至るまで、人の往来が激しすぎ！

フェリーに揺られること約2時間30分。上陸した隠岐の島には心地よい潮風が吹いていた。日本史専攻で離島好きな筆者はお世辞抜きで、もっとも訪れたい島でもあった。隠岐は日本にある離島のなかでも、古代からの歴史が残されており、流刑の地としてはあまりに有名だ。そんな隠岐を死ぬまでに一度は訪れてみたいと、かねがね考えていたため、万感の思いであった。

隠岐の歴史は、出雲国と同様に『古事記』から始まり、イザナギとイザナミが生んだ大八島国のひとつして記載されている。隠岐は3万年前から中国地方唯一の黒曜石の産地であり、新潟県や四国地方まで運ばれていることがわかっている。有史以前から他の地域と文化交流を重ねており、国内で広く知られた島であった。７２４年には延喜式によって、遠流の地に定められ、江戸末期に至るまで３０００人を超える流人が送られた。とくに古代・中世の流人たちは皇族・貴族・僧侶などの政治犯が多かった。そのため、教養の高い人物が多く、島内に次々と中央の文化を持ち込んだとされている。「牛突き」は、後鳥羽上皇の追悼を意識して行われてきたし、「だんじり舞」は元大坂町奉行所与力の流人が伝えた祭事として今に伝わっている。このように、隠岐の文化は、古くから続く交易や、配流されてきた流人たちによって築かれており、出雲や石見に比べて、さまざまな要素がミックスされた独特の風土が育まれた。

中世以降の隠岐は、統治者がコロコロと変わり、それぞれ独自の統治機構をとった。鎌倉時代は佐々木氏が長らく治めたが、当時の隠岐は公文と呼ばれる役人の権力が強く、直接村落を支配していた。１３５３年には山名氏が佐々木高氏を破って出雲と隠岐を支配すると、南北朝の動乱期には隠岐氏が入った。戦国時代は名目上、尼子氏が統治したが、実質的には隠岐氏とそれに従う公文たちによる支配が続いたという。その隠岐氏も、吉川氏にとって代わられるが、関ヶ原の戦い以降は、ほとんどが松江藩の預かり地として統治されるに至った。直接統治にあたったのは担当代官。これがのちに、島民の不満を買い、隠岐騒動を引き起こすことになる（詳細は245頁）。

このように中世以降の隠岐は、時代の変化に翻弄されてきたが、各村落ごとに統治が行われてきた。そのため、生活習慣などは統治者によって左右されることなく、独自性を強めていった。

生態系までゴチャ混ぜのミックスアイランド

現在、隠岐諸島は4島を含めて1万9000人が在住。産業構造では、他の県内都市よりも第一次産業の割合が高く、なかでも漁業は県平均が0・5パーセントなのに対し、隠岐諸島は7・1パーセントと極めて高い。ただ、離島ゆえに製造業はほとんどなく、県平均で16・5パーセントなのに対し、隠岐諸島はわずか1・4パーセントしかない。メインとなる産業は、やはり観光だ。岩ガキやサザエなどの貝類がとくに充実しており、季節によってさまざまな貝が

隠岐ジオパーク空港に向かう途中で見かけた隠岐牛。じっと凝視され、「牛突き」されまいかと恐る恐る撮影

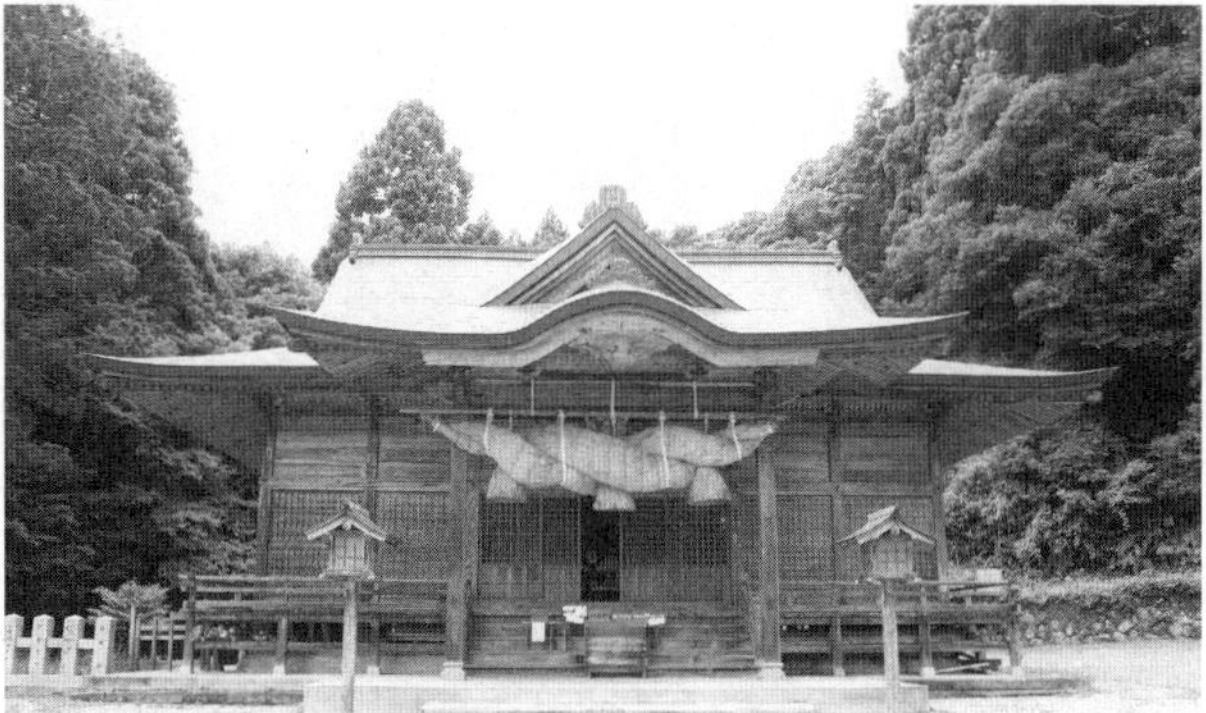

隠岐造りという独特の建築様式で建てられた玉若酢命神社。境内には樹齢千数百年の「八百杉」がそびえたっている

食べられるのが特徴だ。昭和30年代は、こうした貝類を缶詰にする水産加工が盛んだったが、大規模工場が全国にできると次第に衰退。旅館などが立ち並ぶようになり、観光業へとシフトしていったという。昭和〜平成初期は、1日に3便のフェリーが乗り入れ、近畿地方からの観光客が多かったそうだ。

現在は、もっかのところ2013年に認定された世界ジオパークを推している。というのも、隠岐諸島はユーラシア大陸と地続きだったこともあり、のちに湖底や海底に沈み、火山活動によって隆起して、一度は島根半島と陸続きになり、それから離島となるという変遷を遂げており、世界的にも珍しい生態系を形成している。北海道で見られる植物と沖縄で見られる植物が同じ場所に生育していたり、大陸性の植物、高山性の植物、さらには氷河期の植物まで見られるのだ。隠岐は歴史も生態系も、とにかくゴチャ混ぜ。さすがは、日本列島の基礎となった大八島国のひとつである。

怒らせてはいけない！　激しすぎる隠岐人の気性

隠岐人の評価は専門家でも千差万別

　取材は滞在時間が短かったので、隠岐人と深くふれあうことはできなかったが、あえて印象を述べさせてもらうと、隠岐人は出雲人のような柔らかな物腰でありながら、石見人のようにハキハキとしているような人柄だった。観光客に慣れているせいもあるかと思うが、今回出会った隠岐人は誰もが、こちらに気を遣って話してくれたのだ。観光案内所でレンタサイクルを借りるときには、いろいろと見どころや名物食堂などを聞くまでもなく教えてくれたし、帰り際に入った喫茶店では、フェリーの出航時間を気遣ってくれて、何分前に行けばいいのかなんてことも教えてくれた。仕事だからなのかもしれないけど、その優しさにほっこりさせてもらった。一般的に離島の住民は閉鎖的で、冷たくあしらわれることも少なくなく、何度かイヤな思いをさせられたことがある。だが、隠岐の島ではただの一度もそんなことはなかった。

こうした風土は、歴史的に外部との交流が多かったからだろう。『島根県の歴史』（山川出版社）には「きびしい自然環境との闘いが情熱的で積極果敢な風土をつくり、同時に身を寄せあい助けあわねば生きていけなかった長い歴史が人びとの優しさ・親切心を育み、また遠く本土と離れたさびしさが人なつっこさ・寛容さを育んできたのであろう」と記述され、まさしく筆者が現地で感じた隠岐人の印象と合致する。

ただ、その一方で覇気がなく主体性がないと指摘する専門家もいる。島根県の民族史を研究する藤岡大拙は、次のように指摘している。

「中世以降、隠岐はいつも出雲の従属的立場にあった。隠岐守護は鎌倉時代の一時期をのぞけば、常に出雲守護の兼務であり、守護代の支配が続いた。戦国期には出雲の尼子、安芸の毛利が支配し、江戸時代には幕府天領となったが、実質的には松江藩の派遣する代官が支配した。このように、隠岐の人びとは外部の権力支配に甘んじなければならなかった。そのため、権力への順応の道を選んだのである」

確かに藤岡の指摘するように従属的な一面はあるのかもしれない。ただ、支配の実態は島民たちによる自治が基本だったこともわかっているので、藤岡の説がどこまで的を射ているかは判断しづらいところではある。

一致しているのはキレたらヤバいってこと

しかし、その一方で激しい気性が表れることもあるという点は、県民性や気質を検証する文献でも共通して記されている。その由来となっているのは幕末に起こった「隠岐騒動」である。これは隠岐の島民約３０００人が武装蜂起して正義党を結成。隠岐を支配していた郡代を放逐し、島民による自治を展開した事件だ。いわば松江藩からの独立革命である。キッカケは山陰道鎮撫使総監の西園寺公望から隠岐国の庄屋方へ宛てられた書状を、松江藩の代官が勝手に開封したこと。そんな些細なことでキレるなんて、心が狭いように思うかもしれないが、もともと隠岐人が武芸を学ぶ学校を作ろうとしたところ、それを松江藩が却下したところから、隠岐人の不満は高まっていたのだ。

島の自治は81日間も続いたが、内部分裂を経て、最終的には松江藩の武士たちに囲まれて終焉。だが、それでは怒りが収まらない島民は、翌年に全島の寺院をことごとく破壊。島内に蔓延していた尊王攘夷思想をもとに、廃仏毀釈運動が強まったからだといわれている。

このように、普段はのほほんとしながらも、島民としての団結心が強いので、ひとたびブチギレさせたらめっちゃ怖いというのが隠岐人の気質なのだ。歴史や生態系だけでなく、気質もゴチャ混ぜで一筋縄ではいかない。隠岐人と付き合う際、組織的な対立などは避けた方がよさそうである。

島の人情風俗に密着した歌詞の隠岐しげさ節。メロディーラインは越後民謡のものだとされている

配流された後醍醐天皇を島民たちは温かく迎えたらしい。離島でありながらオープンな気質は歴史的背景によるところが大きい

Iターン移住者ぞくぞく！若者増加の陰に潜むジレンマ

海士町の取り組みは今も進化中！

島根県は日本屈指の少子高齢化県とあって、各都市であれこれと対策をとっているが、実はその多くが、隠岐諸島のパクリだったりもする。本土が平成の大合併でてんやわんやしているのをヨソ目に、隠岐諸島の各町はメリットがないと合併協議を中止して、それぞれのまちづくりに精を出した。

なかでも、全国でもまちづくりの成功例として注目を浴びてきたのが中ノ島にある海士町だ。民間出身だった前町長は「ないものはない」と宣言すると、町の改革に着手。破綻寸前だった財政を立て直すべく、自らの給料を50パーセントカットすると、課長クラスの給与も大幅にカット。さらに、高齢者のバス運賃の優遇措置も止めるなど、まずは支出の見直しを図った。これが東京なら「弱者切り捨てだ！」と、プラカードをもったデモ隊が役所に乗り込んできそうなもんだけど、そこは隠岐人特有の「助け合い精神」を発揮。協力的な住民が多く、自主的に補助金カットを申し出る団体もあったそうだ。

その上で、収入を増やすために行ったのが、島の特産品のブランド化。狙いは、浜田や益田が今になって躍起になっている「外貨獲得」だった。改革以前の海士町では、建設業の多くが公共事業に依存しており、年々受注が低下していた。そこで、建設業から農業へと業務転換をできるよう特区申請を行い、「潮風農業特区」に認定。農家の土地を町でいったん借り上げ、企業に貸し付けるという方法をとり、続々と農業に参入する企業が増加。そうして生産される農産物をブランド化して、外部に売り出すことを考えたのだ。なかでも成功したのが隠岐牛である。もともと隠岐の各島では繁殖牛を飼育していて、生まれた子牛を松坂（これが松坂牛になっていた）などに卸していた。この構造を変え、「隠岐牛」として販路を拡大した。今では幻の黒毛和牛なんて呼ばれたりもして、けっこうな高値で取引されているらしい。

また、海士町はイカの産地であるが、かつては本土に出荷するまでに鮮度が落ちてしまい、取引価格が下がってしまうという難点があった。そのため、町内での消費がメインになってしまう。余ったイカは家の冷凍庫行きになっていたそうだ。ここで町長は思い切って4億円をかけてCASという最新の冷凍設備を導入。鮮度を落とさずイカを出荷できるようになり、その販路は海外にまで広がっている。

もともと財政健全策だったが、これらが軒並み成功を収めて海士町の評判は全国を駆け抜けた。毎年30人前後のUIターン移住者を獲得し、西ノ島や隠岐の島でも同様の傾向が顕著になっている。さらに口コミがネットに広がり、今や「上京」ならぬ「上島」を目指す若者たちが増加。移住者の多くは圧倒的にIターンが多いという。

その傾向が顕著に表れているのが、隠岐島前高校で行われている「島留学」である。近年は、島前3町村と隠岐島前高校、島根県が連携して、高校と地域の連携型公立塾「隠岐國学習センター」も開設。新入学生の約3割が東京、大阪など都市部からの留学生で、異例の学級増を実現した。

こうした海士町の取り組みが成功したのは、離島という資源をフル活用し、「活気がありそう」「何か面白そう」というイメージを定着させたからに他ならない。「ないものはない」という耳に残るキャッチフレーズも絶妙だった。さらに、牛肉やイカ、サザエなど人気が高く、売れる商材に絞ってブランド化を進めたことが大きい。隠岐ならではの食材は、ほかにもたくさんあるのだが、あえて誰もが知る特産品で勝負したことで、より広く消費者のニーズをとらえることができた。この辺のしたたかさは民間出身の前町長の辣腕によるところが多いが、劇的な改革に協力的だった町民たちの存在も大きいだろう。海士町は、地方創生の希望の星とさえいわれている。

好意的な報道の裏にある悲しい島暮らしの現実

帰りのフェリーに乗り込んだ筆者は、短い滞在に寂しさを覚え、甲板のベンチで潮風に当たっていた。すると、隣に座った60代ぐらいの男性が声をかけてきた。「お兄ちゃん、観光？」。筆者はとっさに「いえ、出張で」とだけ答えると、そこから四方山話が始まった。聞けば、男性は隠岐の島在住の漁師で、松江に遊びに行く道中だった。あれこれと話していたなかで印象的だったのがUIターン移住者の実状であった。

「島にはたくさん人が来るよ。でも、けっこうな割合で出ていく人も多い。だから工場の人間はコロコロ変わってて、後継者がなかなか育たない。5年もいればいいほうなんじゃないか。最初は島の生活が楽しいんだよ。都会とは何もかもちがうからね。たぶん観光客気分が抜けないんだろうね。でも、島で仕事をして、生活を営んでいるとね、どっかでハタと気づくんじゃないかな。このまま島民になって、島で死んでいく覚悟はあるんかって。もともと島の人間じゃないからさ。誰も責められないよ」

若者たちは夢と理想を描いて島暮らしを選択するのだろう。しかし、実際の生活ともなると、理想通りにいかないこともある。そういった苦悩を抱えた移住者たちは、結局島を離れる決断を下すのだろう。どこか寂しそうな顔を浮かべた男性とビールを飲みながら、筆者は島暮らしの現実を思い知り、それでも移住者を受け入れ続ける隠岐人に心を揺さぶられた。

隠岐諸島の経済を支えているのは、観光と農林水産業。外貨獲得が最重要テーマであり、島の命運を握っている

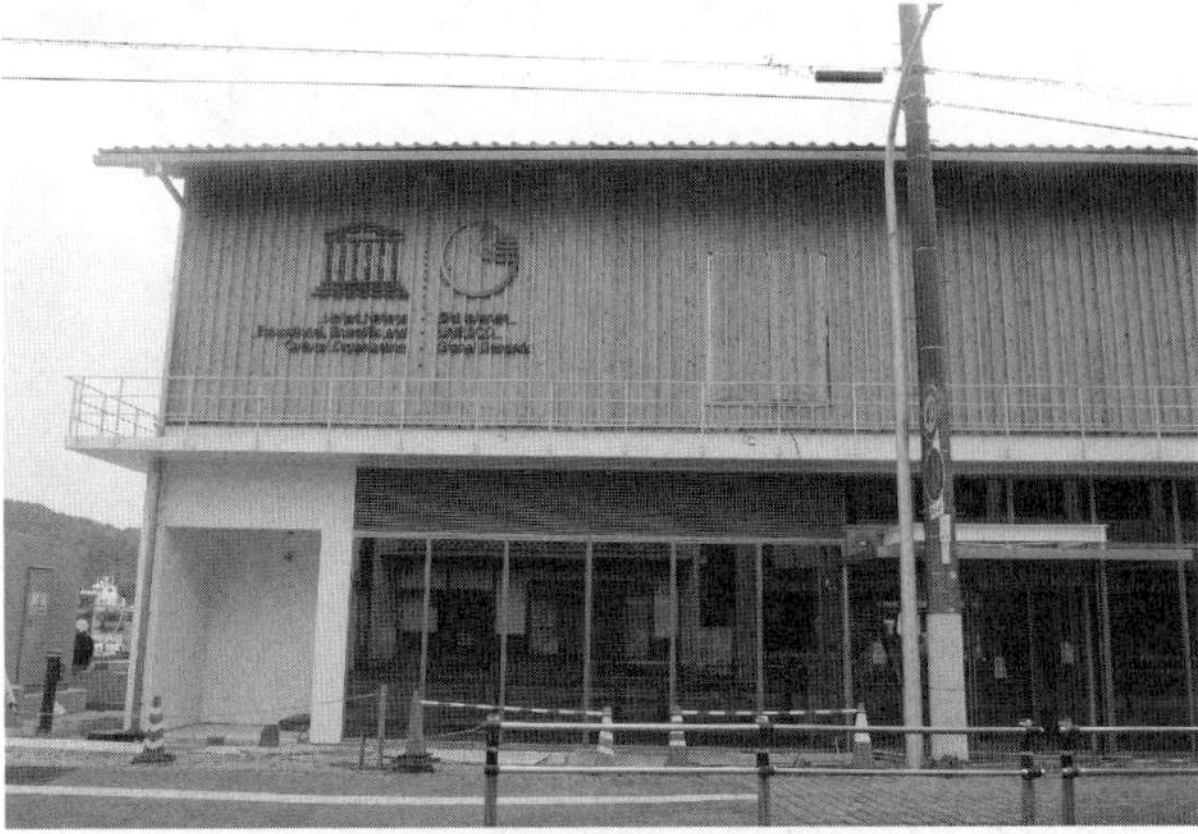

2021年にリニューアルオープンを予定しているジオパークビジターセンター。観光客を呼び込む起爆剤となるか

島根県コラム 5

竹島は独島じゃないっての！

「竹島は　島根の宝　わが領土」

都内でそんなことを声高に言うと、エセリベラル層から猛烈にバッシングを受けそうなもんだが、島根県は堂々と主張してやまない。さすが「保守王国」と呼ばれるだけのことはある。島根県では小中学校でも竹島の歴史を学ぶ機会があるそうで、「竹島・北方領土問題を考える」という中学生の作文コンクールも開催している。そのため、県民の関心も高い。２０１８年に行った県政世論調査によると、県民の67・9パーセントが竹島問題に「関心がある」と回答。竹島問題の背景や経緯についても66・3パーセントが「知っている」という。おそらく他県で調査しても、これほど高い数値にはならないだろう。それだけ竹島問題は、島根県民共通のテーマなのだ。隠岐のオッチャンに話を聞いてみると、「あれは韓国が悪いに決まってる。戦後のドサクサに紛れて、李承晩ラインなん

て勝手に決めやがって。軍隊で支配するなんて侵略だよ。もともとアシカ漁が盛んなとこで、うちのばあちゃんの親戚も竹島で漁師やってたんだよ」と、憤まんやるかたない口調でまくし立てていた。

　というわけで、島根県は「竹島はわが領土」という国民世論を形成すべく、さまざまな活動を行っている。島根県のホームページで「Web竹島問題研究所」で史料を公開したり、2月22日を「竹島の日」としたり、県内に「竹島かえれ島と海」と書かれた広告塔を設置したり……。もはや島根県民にとって竹島が日本の領土というのは常識であり、奪還は悲願でもある。その運動は年を経ても沈静化する様子はない。

だが、こうした島根県の動きに対して、世間はけっこう冷たい。某実業家が「竹島なんて韓国にくれてやったらいい」なんて発言したことは有名。山川出版社の『島根県の歴史』でも「竹島（独島）」なんて表記されていたりもする。筆者も東京の飲み屋で竹島の話題になったとき、自称リベラル連中と大論争になった記憶がある（もちろん筆者は島根県と同じ立場です！）。連中の主張はだいたい同じで、「竹島問題で日韓関係が悪くなるぐらいならあげちゃえばいい」というもの。だが、これはまったく島根県の事情を理解していない。隠岐諸島を筆頭に、島根県の日本海沿岸部にとって漁業は重要な産業で、県民の生活を支えているのだが、韓国が竹島を占拠し、軍隊による監視を続けているせいで、自由に漁業ができなくなっている。合法なら納得できるけど、あくまで〝不当な〟占拠なのだから、憤慨するのも当然だ。当事者でもないのに、韓国擁護だけが念頭にあるから、こんな無責任な発言ができるのだろう。メディアでも時々同様の発言をするコメンテーターがいるけど、勉強不足も甚だしい！　竹島問題を語るなら、島根県に来てしっかり勉強しとけと言いたい。この問題については、島根県に全面同意いたします。

第6章
楽勝でしょ! とはいいきれない島根VS鳥取の「ライバル」対決

冷静にみると圧勝なのにどうにも気になる鳥取県の存在

内心では鳥取県に圧勝してると思ってません?

日本全国にはライバル関係の県があちこちにある。そのなかで、島根県と鳥取県は全国でもっともライバル意識が強いらしい。週刊ダイヤモンドが全国1万人を対象に「互いをライバルだと思っている県の意識率」を調査したところ、「島根・鳥取」が86パーセントと全国トップ。両県民ともにお互いを強く意識しているのはデータからも明らかとなっている。

ただ、現地で島根県民に話を聞いてみると、「そんなに気にしてない」とか「鳥取に間違われるのはシャクだけど、もう慣れたから大丈夫」と、斜に構えたような返答ばかりで、どうも釈然としない。そう言ってはにかむ島根県民を見ていると、なんだか比べられること自体がうっとうしいというか、内心では鳥取に勝っていると考えているのだろう。

というわけで、本項では、取材を通して筆者が感じた島根の優位性を、独断と偏見で10の項目にまとめ、島根県民の本心を代弁していきたい。異論反論は多々あるだろうが、そこは島根県民の広い心でどうか受け止めてほしい。

①神様がいる!?

もはや説明する必要もなく、神様は県民のプライドである。オオクニヌシっていう超メジャーな神様が出雲を治め、かつては日本の中心地だったという自負心も強い。そのなかで、けっこう気に入ってるのは「神在月」。知人の松江出身者は、10月になると「地元に神様が大集合する月か〜」なんて言いながら、全国の他県民に対する優越感を覚えてたりもする。まあ、「神在月」なんてビッグイベント（?）があるのは、日本広しといえども唯一無二である。そんなもん、鳥取県にはひとつもないはず。砂丘なんて静岡とか鹿児島にもあるし。

②世界遺産があるってスゴくない？

国内で世界遺産に指定されているのは全部で23件。県またぎのものもあるから、都道府県でいえば25にわたっている。それでも日本列島に約半分しかないわけだ。そのなかのひとつに石見銀山が選ばれてることは、奇跡的なことじゃなかろうか。ただ、内心ではそろそろ出雲大社も世界遺産に指定されてもいいんじゃないかと出雲人は思っている。だって、石見にあって出雲にないってのは悔しいし。あ、鳥取はまったく眼中にございません。だって世界遺産になりそうな遺構なんてどこにもないでしょ？

③鳥取って島根だったじゃん

明治時代になって鳥取県が島根県に組み込まれていたのは有名な話。県名はもちろん「島根」。明治政府って現代日本の政治体系を築いた礎だったわけだし、お上が決めたことだったんだから、そのまま従っておいた方がよかったはず。米子あたりは島根県でもよかったらしいのに、鳥取の武士が出しゃばった真似するから……。そのまま大島根県だったら、こんなに島根と鳥取を間違われることもなかったのにね。

④そちらは人口最低県でしょ？

島根県の人口は68万人、鳥取県は56万人。46位と47位とはいえ、その差は12万人にもなる。12万人っていったら、米子市の人口よりちょっと少ないくらいだから、地方の大きめの都市1個分は島根県の方が多いってこと。人口増減率も鳥取県はマイナス0・88で、島根県はマイナス0・73。隠岐あたりじゃIターン移住者も増えてるし、島根県のほうが未来は明るい（はず）！

⑤コーヒーならヨシタケ一択

白バラコーヒー？　確かにおいしいけど、コーヒーなら島根のほうがスゴい。なんせ世界初の缶コーヒーを開発した三浦義武は浜田市出身。そのコーヒーに対するこだわりっぷりは、まさに石見の職人ゆずり。「ネルドリップを極めた男」とまで呼ばれたんだから、それも当然ではある。ちなみに浜田市じゃあヨシタケコーヒーの製法を学んだ認証者制度も導入してるし、コーヒーに対する力の入れようが「スナバ」とか言ってる鳥取なんかとは比べ物にならない。

⑥しまねっこの方がかわいいし

トリピーがテレビに出てたときは鳥取のほうが優位だったのは認める。でも、最近のしまねっこ人気を考えれば、立場は逆転したんじゃなかろうか。２０１４年には年賀状が３５６８通も届いたし、ゆるキャラグランプリじゃあ5年連続トップ10入りを果たした。２０１８年には東京の代官山と青山なんてオシャレシティに期間限定カフェまで出店。鳥取に全国の女子高生に好かれるキャラなんていいるかい？

⑦銀だこって知ってる？

かつてスタバ論争なんてものもあったけど、鳥取にもようやく進出したってことで実におめでたい。ところで、鳥取県にはまだ銀だこがないらしい。全国26都道府県にはあるそうなんだけど。ちなみに、島根には松江と出雲のイオンモールに入ってます！

⑧国立大学なら島根の方が上

私立大学がないのはシャクだけど、鳥取にあるのは看護大学と短大だし、やっぱり勝負するなら国立大学。島根大学、鳥取大学ともにもっとも偏差値が高いのは医学部だけど、島根大学は65、鳥取大学は62・5（ウェブサイト『みんなの大学情報』調べ）。まあ、島根大学は宍道湖問題でも活躍したりして、地元にも多大に貢献しているから、鳥取大学より格上なのは常識（？）だよね。

⑨ものづくりのやり方、教えます

実は、島根県の方が製造業の稼ぎがデカい。島根県の製造業の従業員1人当たり年間付加価値額は9700万円なのに対して、鳥取県は7500万円（2017年）。その差は2000万円も開いているから、圧倒的に島根県のほうが上。鳥取県は何とかビリを免れた（46位）ようで何よりですなぁ。

⑩中小企業だって島根のほうが多い

中小企業の数は、島根県は2万2167、鳥取県は1万6059。鳥取県は全国で唯一、2万軒に達していないんだって。これだけの差が開いているから特許の登録件数も島根県82、鳥取県57と、どちらも島根県の勝ち。まあ、コッチは松江市とか大田市で、最先端のＩＴ企業が増えてるから、将来的にはもっと引き離してるかもね！

まあ、こんな感じで島根県民は、鳥取県に対して優位性を感じている（と思う）。そもそも負けているとはみじんも思っていないので、ライバルと言われるのも少しむずがゆくなってしまうのだろう。

ただ、全国レベルで比較すると、両県の差は似たり寄ったり。だからメディアからは万年「47位争い」なんて言われてしまうのだ。でも、ちゃんと数字を見ると、人口以外はそこまで最下位争いをしてるわけじゃないんだけどね。

全国の女子高生に大人気のしまねっこ。鳥取のトリピーも昔は目立ってたけど、山陰の代表キャラはもう世代交代しちゃった感がある

鳥取県は合併しちゃったほうがいいんじゃないかと、島根県民は今でも思っているらしい。県名はもちろん島根だけどね

松江・米子・境港にまたがる中海圏域を仕切るのはどこ？

中海圏域で連携！　リーダーはどこ!?

松江市、米子市、境港市は中海を挟んでひとつの圏域を形成しており、県をまたがって生活圏や経済圏を一にしている。古くは「雲伯」とも呼ばれたエリアで、廃藩置県のイザコザで鳥取県独立運動が起こった際、米子市あたりは「島根のままでいい」と、現状維持の立場をとった。伯耆人からしてみれば、鳥取市なんかよりもよっぽど松江市のほうがゆかりが深いのである。こうした経緯から、現在では前記3市に出雲市や安来市などを加えて「中海・宍道湖・大山圏域振興ビジョン」なるものを策定し、広域連携を図っている。

とはいえ、長らく島根県と鳥取県で分裂（あえてこう呼ばせてもらう）していたため、住民感情は千差万別。とりわけ松江市と米子市はライバル意識が芽生えてもいる。松江民が「米子なんかと一緒にされたくない」と言えば、米子民は「松江なんてただデカいだけ。米子の方が都会」と反論。ネットの掲示板ではもっと辛らつで、誹謗中傷に近い言葉が飛び交ってもいる（境港市はなぜか総スルー）。じゃあ、この圏域でどこが格上でリーダーなのかを改めて検証してみようじゃないか。

確かに、中心駅の規模は米子市のほうが圧倒的に上。米子駅は3ホーム6線と「大きな駅」にふさわしい規模だが、松江駅は2ホーム4線で、県庁所在地とは思えないほどショボい。駅では残念ながら松江市の完敗である。

ただ、その一方で米子市は街の規模が広がりすぎている嫌いがある。米子市のメインとなる繁華街は、高島屋が鎮座する角盤周辺だが、駅から徒歩15分はかかる。そのため、駅から角盤までが廃墟化していて、ほとんど活気がない。一方、松江市の中心街は、松江駅から松江しんじ湖温泉駅に至るまで、京町商店街などが連ねっていて、街に連続性がある。旧日本銀行松江支店の建物を利用したカラコロ工房なんていう観光拠点もあり、街を散策する楽しみという点でも松江市が断然上だ。

米子市は角盤周辺こそ、かなりのにぎわいを見せているものの、そこにすべてが集中しすぎていて、面白みに欠けている。高島屋とか天満屋があるから、「米子の方が都会」なんて言ってるみたいだけど、街の洗練度なら松江市は絶対に負けないぞ。そもそも外部から入ってきた百貨店に街のイメージを頼りっぱなしなんて、いかにも発想が貧弱。それにひきかえ、松江市の中心街は松江城を中心に、「松江らしさ」にあふれている。駅前の百貨店も一畑ってところがらしいでしょ？（知名度は低いけどさ）

境港市は米子市のオマケみたいなもん

さて、松江市からはまったく相手にされていない境港市だけど、向かいの「美保関に比べれば栄えてるでしょ」っていうのは境港民の総意だ。しかも松江の飲食店じゃあ「境港直送」を売り文句にしていて、意外と頼られていることに、ちょっとした優越感を覚えていたりもする。歴史的には美保関のほうが深いとはいえ、その周辺はまったく観光地化できていないないし、そもそも松江に「美保関港直送」って文字がほとんどないんだからブランドとしてもビミョー。まあ、港湾に関しては、当の松江民も「境港の方が格上」と認めていたから、負けていたとしても痛くもかゆくもない。境港民はやたらと「水木しげるロード」を持ち上げているけど、松江民は新しいもの（若者にとっては古いけどね）に対して、それほど興味がない。内心ではちょっとうらやましさを感じつつも「だから？」と突っぱねる余裕がある。境港市の海産物は認めてもいいけど、所詮は米子市のオマケぐらいにしか考えていない。昔は荒くれものばっかりだったし、圏域をリードできるほどの実力はないでしょ。

やっぱりリーダーは松江で決まり！

さらに、データでいえば、鳥取2市は松江市に完敗している。人口はもちろんのこと、所得も松江市が勝っている。たとえば、住民の実質的な収入を示す一人当たりの課税対象所得は、松江市292万2000円、米子市290万8

000円、境港市259万9000円（2018年）。松江市と米子市は僅差だが、境港市は、両市と比べるとかなり低め。さらに完全失業率だと、境港市4・0、米子市3・8、松江市2・9。働く人が多いってことは、それだけ街の企業活動が活発だということでもある。そもそも一般財源で見れば、松江市は米子市の2倍に近い規模を誇り、境港市と比較すると約7倍にも及ぶ。「中海・宍道湖・大山圏域」まで広げてみても、松江市のトップは変わらない。もはや松江市がこの圏域のリーダーであることに異論はあるまい。

問題は松江市がどうやってリーダーシップをとっていくか。いくら歴史的につながりが深いとはいえ、米子市や境港市にも鳥取県としてのプライドはある。頭ごなしに押さえつけようとしても、アチラは気性が荒いから、反発を生むだけだ。ここは松江市が大人になって譲歩したり、なだめたりしながらうまくコントロールするべきだろう。そのためには、出雲人にありがちな「腹黒」な一面を出さないようにしなくちゃね！

島根県出身者列伝 王国を築いた権力者たち

オッサンなら「ヒゲダン」より竹下登でしょ！

10～20代の若者にとって、島根県の誇りといえば「ヒゲダン」である。いちおう中年以上のために説明すると、２０１９年の紅白歌合戦にも出場した４人組ロックバンド「Ｏｆｆｉｃｉａｌ髭男ｄｉｓｍ」のことだ。メンバーのうち、ギターやコーラスを担当する小笹大輔が松江市出身で、島根大学在学中に結成したということで、島根の若者から絶大な支持を得ている。ただ、ボーカルの藤原聡とドラムの松浦匡希がともに鳥取県米子市出身ということもあり、ヒゲダン発祥の地が島根か鳥取かという論争が取り沙汰された。結局、本人たちが「どっちも大事」と公言したことで、ほぼ終結したわけだが、結成の地が島根大学なんだから、島根がやや優勢ってことで！

島根のスターともなると、今や若者たちはヒゲダン一色だけど、昭和を生き抜いたオッサンたちは、真っ先に竹下登を挙げる（はず）。飯石郡掛合村（現・雲南市）にある旧家の息子として生まれ、のちに第74代内閣総理大臣を務めた昭和の政治家で、自民党で長らく影響力を持ち続けたことで知られている（若者向けにいちおう解説しとかないとね）。

それだけの傑物だったのだから、島根県は今に至るまで「竹下王国」と呼ばれている。かつては島根県議会議員のほぼ半数が、竹下派の議員で占められるほど強固な地盤を築いていた。直近の島根県の選挙区で選出された国会議員は、竹下登の異母弟・竹下亘、参議院議員の故・島田三郎（後継の三浦靖も竹下派）、竹下派の重鎮でもある青木幹雄の長男・一彦と4人のうち3人が「竹下王国」の系列。島根の選挙において、竹下の看板を掲げる否かは、勝負を分けるポイントになる。竹下登が生前の頃は鶴の一声で当選か落選かが決まるほど、巨大な権力をもっていた。

なぜ、これほどまでに「竹下王国」が強固になったのかといえば、公共事業

島根県出身著名人一例

政治		音楽・俳優	
若槻禮次郎	第25、28代内閣総理大臣	Official髭男dism（小笹大輔）	ギタリスト
竹下登	第74代内閣総理大臣	竹内まりや	シンガー
青木幹雄	自民党参議院議員会長	江角マキコ	俳優
亀井久興	国民新党幹事長、藩主家末裔	佐野史郎	俳優
文化・科学		田中美佐子	俳優
森鷗外	小説家、医師	徳川夢声	マルチタレントの元祖
法月綸太郎	ミステリー作家	**スポーツ**	
難波利三	作家、直木賞受賞	大野豊	野球・広島カープ
田渕久美子	脚本家	佐々岡真司	野球・広島カープ
園山俊二	漫画家	梨田昌孝	野球・近鉄など
ながいのりあき	漫画家	錦織圭	プロテニスプレイヤー
大塚康生	アニメ作画監督	アニマル浜口	レスラー
宮根誠司	アナウンサー	陣幕久五郎	力士

※独自調査

をガンガン地元に引っ張ってきたからだ。島根は、1人あたりの公共投資額で、1988年から23年連続で1位だった。「竹下王国＝公共事業王国」でもあったのだ。

竹下登が県内で推し進めた公共事業で有名なものが、宍道湖の干拓である。150頁でも詳述したように、地元民の強い反対によって中止に追い込まれたが、実は、計画が立ち上がった当初は、それほど反対派が多かったわけではない。むしろ県議会は推進派が大勢を占めていた。それもそのはず、県議の多くは竹下登のおかげで当選できた連中だらけ。反対なんてできるはずもない。それだけに島根大学や地元民が結託して、中止させたことに大きな意味がある。近年ニュースなどで聞く〝民意〟が反映された数少ない事例だからだ。

出雲大社を統治する青木家

その竹下登の秘書を長く務めあげたのが、旧大社町出身の青木幹雄だ。小渕内閣や森内閣で官房長官を務め、長らく「参議院のドン」とまで呼ばれた。政界への影響力ももちろんではあるが、青木がもつ地元への影響力も計り知れないものがある。大社町出身という点でピンとくる人も少なくないだろうが、青木は出雲大社の氏子総代も務め、平成の大遷宮では80億円を集めてリードしたこともある。現在は引退しているとはいえ、島根県のシンボルでもある出雲大社に対する影響力は今も絶大だ。

大社町というのは非常に特殊な町で、町民全員が氏子になっており、代々家の名前を襲名するような旧家も多い。つまり、伝統や慣習を今でも頑なに守り続け、町民全体は常に団結している。大社町民は町内会とは異なる「常会」という集いを月に1回ほどのペースで行っている。この常会で何が話されているかは口外無用。移住者などは参加できない仕組みになっており、その実態を知るものは少ない。かつて常会は、町民税や国民年金、国民健康保険を一括して納めると2パーセントほど還付される制度を利用して集金を代行したりもしていた。閉鎖的で土着的な組織である。

このような特殊な会合が横に連なっている大社町で、青木は実質的に頂点に立っている。まさに大社町のオオクニヌシであり、ひいては出雲大社を統治するドンと言っても過言ではない。島根には、竹下登から青木幹雄、そしてその子たちへと受け継がれた王国がしっかりと息づいているのだ。

島根県の経済やマスコミを牛耳る田部家

だが、竹下・青木もその元を辿ると、島根県の政治と経済を掌握する田部長右衛門へとたどり着く。とくに23代田部長右衛門は、京都大学を卒業後、1940年に松乃舎病院（現・島根県立病院）を設立すると、松陽新報（現・山陰中央新報）の社長に就任。36歳で衆議院議員となり、戦後は大政翼賛会の推薦議員だったために公職追放にあう。だが1959年には島根県知事に就任すると3期にわたって県政を担った。略歴を辿るだけで、田部長右衛門が島根県内にどれだけの影響力があるかわかるだろう。なにせ医療もマスコミも経済でも旗頭を務めており、1953年の出雲大社の工事でも副会長として再建に尽力したのだ。島根県における権力のほぼすべてをその手に握っていたのである。その田部長右衛門が、自身の後継に指名したのが竹下登だった。竹下王国の土台は、すでに23代田部長右衛門の政治基盤が築いていたものだったのだ。

田部長右衛門の名前は、代々田部家が襲名しており、現在は25代目。で、この25代目の肩書きがまあスゴイのなんの。中国地方のケンタッキー、ピザ・ハットのフランチャイズ業務や山林事業、建築、養鶏など多岐な事業を行う島根の総合商社とも呼べる株式会社田部の代表取締役社長を皮切りに、松陽印刷所代表取締役社長、田辺美術館代表理事、山陰合同銀行取締役、山陰中央テレビジョン代表取締役社長、松江商工会議所会頭、島根県商工会議所連合会会頭などなど。その肩書きはまだまだあるんだけど、さすがにもう読み飽きただろうからこの辺でやめておこう。いったいどれだけの企業、団体のトップを務めているのかっていう話である。しかも、25代目はまだ41歳（2020年8月末現在)。そのインタビューによると、子供の頃から襲名することは決まっていて、田部グループのトップに立ったのは30歳のときだという。少なくともあと30年は盤石な「田部王国」が続くだろう。いやはや、何ともうらやましいというかなんというか……。しかし、こうも王国体制が強固に築かれている県なんてなかなかない。さすがは神を奉ずる島根県だけのことはある。

島根県大事件列伝
島根の凶悪事件は西高東低

女子大生死体遺棄事件が地元に残した傷跡

どうやら島根県警はけっこう優秀らしい。女性自身の調査によると、２０１８年の凶悪事件検挙率は１３６パーセントと全国トップ。未解決事件にも捜査本部を継続して取り組んでいる結果が出ているようだ。

最近、解決した有名な凶悪事件といえば、２００９年に浜田市で発生した島根女子大生死体遺棄事件だ。島根県との県境にある北広島町の臥竜山山頂で、女性の頭部だけが発見されたが、捜査は難航。２０１２年に死体遺棄罪単体での公訴時効を迎えたが、県警本部は時効のない殺人罪に切り替えて捜査を継続。県内外でチラシを配布するなど、情報提供を呼びかけた。事件の解決につながったのは、その情報提供からだった。未解決のまま時を経た２０１６年、一気に捜査が進展。すでに事故死していた当時益田市に住んでいた33歳の男性が犯人であると特定し、事件発生から7年をかけて解決した。

解決のキッカケとなったのは３件の情報提供だったそうだ。詳細は明らかにされていないが、その３人には３００万円の報奨金も支払われたという。当時の捜査では、同じ大学寮の寮生全員だったり、現場付近を走っていた車両の持ち主など、あれこれマークしていたそうだ。なかでも、合同捜査本部が目をつけていた男性が、浜田市内の店舗内で女子中学生を盗撮して逮捕された際には、家宅捜索で何か出てくるのではないかと本部が湧きたったそうだ。まさにしらみつぶしの捜査だった。その過程で、被害者をバイト先に勧めた大学の学生は、警察からかなり疑われ、何度も事情聴取に呼ばれた。そのため、学内で風評被害が起こり、中退を余儀なくされたという。

島根女子大生死体遺棄事件は、地元にさまざまな傷痕を残した。しかも、逮捕された時点で犯人が死亡していたため、動機や詳しい経緯は解明できず。なんだか後味の悪い終結を迎えてしまった。

凶悪事件はなぜか石見ばかりで起こる

しかし、いまだに未解決のままの凶悪事件もある。たとえば、2004年に浜田市黒川町で77歳の高齢女性が自宅で殺害された事件。室内に荒らされた形跡はなく、室内にあった現金も手つかずのまま残されていたため、強盗ではなく怨恨ではないかとされているが、15年以上経った今も、解決の糸口さえつかめていない。県警のホームページでは目撃されている紺色の軽四自動車と白色系の軽四自動車についての情報提供を求めている。こちらもまだ捜査本部は解体されておらず、捜査は続けられているそうだ。

また、旧江津総合病院で79歳の宮司が病室のベッドで絞殺された事件も未解決のままだ。もともとは腰の病気で入院し、床ずれを防ぐために、看護師が数時間おきに姿勢を変えたり、個室で次女が付き添っていたりと、人の目はかなり多かったなかでの犯行。病室から採取された足跡も病院関係者と親族のもの以外はまったくなかったという。夜間出入口は2カ所とも施錠されておらず、防犯カメラもなく、来訪者のチェックさえされていなかったため、当時は病院側の不備を指摘する声も多かった。しかも、現場となった病院は、事件からわずか2カ月半後に新築移転され、現在は保存されていない。

こうした事件が早く解決されることを望むが、それにしても、なぜ凶悪事件の多くが出雲ではなく、石見に集中しているのだろうか。古くは江津事件なる冤罪を疑われる殺人事件も発生しているし、どうも浜田、江津、益田では世間を騒がせる凶悪事件が多い。

この傾向について、ある松江出身者は「石見のほうが血気盛んな輩が多いし、いい意味でも悪い意味でも行動派が多い。しかも人が少ないから、監視の目が行き届かないんだと思います」と分析。まあ、それだけが理由ではないんだろうけど、少なくとも凶悪事件が西部に偏っているのは事実である。

人口も経済も衰退が著しく、その上治安もよろしくないとなると、余計に出雲偏重が強まるのも無理はない。汚名返上のためにも、県警にはいち早く事件解決に向けてがんばっていただきたい。

島根県コラム 6

髪も服もカラフルな島根のワル

今回の取材では国道9号を中心に、島根県の東端から西端まで走ったのだが、そこで気づいたのは運転マナーがとてつもなくいいってこと。地方取材で、同じ県内をずっと車で走っていると、必ずといっていいほどあおってくるハイエースだったり、やたらとスピードを出しまくる改造軽自動車とすれちがったりするもんなんだけど、島根県ではただの一度も出会うことがなかった。あれだけ道路が空いてるんだから、もっとグイグイ飛ばしてもよさそうだが、スピードも控えめで、改造車すら見かけない。もしかしたら、島根県のヤンキーは絶滅してしまったのかと一抹の寂しさ（?）を覚えた。街で聞いてみても、「最近は暴走族も全然見かけない」というのが共通見解で、今じゃあ島根は治安がいいというのが常識になりつつある。

ただ、それはあくまで表面上だけかもしれない。もともと正月になると出雲

暴走なる盛大すぎる初詣があったりして、島根県にはけっこうワルが多かった。それが、最近見かけなくなって「治安がよくなった」と勘違いしているにすぎない。他県と同様にワルたちが目立たないように暮らしているだけなのかも。

たとえば、現在松江の警察に認定されている暴走族グループはゼロだが、旧車会の存在は認知されている。旧車会というのは、暴走族を引退した者たちがツーリングなどを目的にグループ化したもので、基本的には暴走族のような危険行為はしない（いい大人だからね）。だが、旧車会を隠れ蓑にして、暴走行為を働くヤンチャボーイズがいることも確かだ。

こうしたワルたちが多いと言われているのは、おもに石見。まあ、もともと荒い気質だから必然的にヤンチャになるんだろう。そのなかでもライバル意識をもっているのが浜田と益田のヤンキーらしい。ある益田民の話によれば、「浜田から見れば益田は田舎モンで、益田から見れば浜田はモヤシ（弱い）なんだって。でも、俺は益田のヤンキーのほうが気概があると思ってるよ」と、何気なく益田を擁護していた。そう話してくれたお兄ちゃんもタトゥーが入ってたし、昔はヤンチャだったんだろうなぁ。

確かに益田や浜田あたりで夜の街を散策すると、暴走族はいなくなったけど、ガラの悪そうなお兄ちゃんたちはアチコチで見かけた。そんなに悪いヤツではなさそうだったけど、やっぱり見た目がかなりイカツいし、変な髪色にしてたりして、都会の洗練されたワルとは一線を画していた。というか島根のワルって見た目が派手な人が多くないか？ やたらと目立ってたから目に入りやすいだけなのかもしれないけど、取り締まりが厳しい今の世の中で、あれだけわかりやすくワルを主張するのも珍しいと思うんだよなぁ。集団では目立たなくなっても、個人レベルではまだまだアクが強いのよ！

第７章

島根の県民性を武器に再び天下の檜舞台へ！

止まらない人口減少！今こそ空回りの対応策を見直すべき

県内の8割が振興を必要とする中山間地域

さて、ここまで出雲、石見、隠岐の各都市の現状や問題点を探り、島根県の実像に迫ってきたが、いかがだっただろうか。地元に住んでいると気づかない強みと弱みを客観的なデータを用いながら、時折主観を交えて論じてきた。島根県の現在地を改めて知ってもらうため、あえて厳しい意見も述べさせていただいた。それは、ひとえに島根県が向かうべき未来を探るためである。

島根県の最大の問題点は、言わずもがな少子高齢化だ。全国屈指の過疎化県と呼ばれて久しく、行政もあれやこれやと対策を打ち出してきたが、その減少スピードは弱まってはいない。若者は進学や就職を機に島根の地を後にし、そのまま戻ってこないというストロー現象は、今や常識となっている。島根の若者は地元に残っていると就職していない、ニートとさえ見られかねない。結果的に居残るのはマイルドヤンキーばかりで、人材の流出は深刻だ。

なかでも、森林面積が78・5パーセントを占めている中山間地域はすでにジリ貧。過疎という言葉が生まれた旧匹見町の集落は、早ければ数年以内に消滅しかねない。島根県における中山間地域の定義は「産業の振興、就労機会の確保、保健・医療・福祉サービスの確保、その他の社会生活における条件が不利で振興が必要な地域」と定義している。これに沿って、島根県の中山間地域の割合を探っていくと、実に80パーセント以上にものぼり、人口でいえば60パーセントにもなる。松江市や出雲市、浜田市と益田市の一部をのぞいて、ほぼすべての地域が中山間地域に当てはまる。つまり、島根県の定義に沿っていえば、県域の8割で振興が必要ということになる。県が全国初となる中山間地域活性化基本構想を策定したのは1996年。四半世紀にわたって、対策に乗り出しており、時代を経るごとに手直しを加えてきた。「しまね田舎ツーリズム」や「元気な集落づくり」を掲げ、地場産業の活性化を図ってきた。雲南市の吉田村では、「吉田ふるさと村」という三セクが中心となり、たまごかけご飯専用の醤油などを生み出し、全国に販売。ヒット商品となり、産業振興という点は一定の効果があった。こうした取り組みは各市町村に広がっており、いずれも、それなりに成果をあげている。しかし、産業が活性化しても、人口減少を劇的に改善させるような効果はなかった。

そもそも島根県は人口減少の最大の理由を「仕事がない」せいだと考え、そのために若者が流出してしまうのだと結論づけていた節がある。そのため、とにかく新たな仕事を創出することばかりに奔走してきた。産業が活性化すれば、人材を確保し、少しでも人口減少のスピードを緩めることができると踏んでいたのだろうが、その目論見は完膚なきまでに打ち砕かれている。

公共事業依存体質がいびつな産業構造を招いた

だが、その産業もかつては公共事業に頼りきりだった。竹下登が王国を築き、次々と県内に道路を通した。確かに中山間地域での道路整備は、当時の住民にとっては幸いなことではあったが、こと産業面でいえば、いびつな構造を生み出してしまった。

島根県の産業構造は、極端に建設業が多い。近年は公共事業の低下によって少なくなりつつあるが、それでも県内産業の約1割が建設業。つい10年ほど前は15パーセント弱にも及んでいた。いわば土建国家だったのだ。宍道湖干拓は、竹下が持ち込んだ公共事業の最たる例で、とにかく工事がなければ仕事を生み出せなかったのだ。国に頼りきりだったために、時代に合わせた産業育成が滞ってしまった。商業も工業もおざなりになり、もはや観光だけが頼みの綱となっている。

だが、当の観光もやはり出雲大社と石見銀山におんぶにだっこで、他県からくる観光客の流れは大田市で完全に分断されてしまい、浜田市や益田市、津和野町などは山口県や広島県からの往来を期待するしかない。だが、目玉となる観光スポットがないので、滞在時間も短く、「山陰の小京都」をぶらりと巡るのが関の山。散策だけで帰ってしまうので、観光消費額は伸び悩み町は衰退するばかり。結果的に観光客そのものが減少してしまうという負のループに陥っている。

その輪廻をどこかで断ち切る必要があるが、結局行きつくところは交通インフラの不備になる。県内のあちこちで「山陰自動車道の早期完成を！」という看板を見かけるし、実際に県と各市町村は必死に取り組んでもいる。せめて県内の往来さえ便利になれば、出雲大社や石見銀山という観光資源の恩恵をもっと県全体に浸透させられると考えているのだろう。だが、それは公共事業に依存していた頃と何ら変わらず、国に頼る体質は今も抜け切れていない。

人口減少を食い止める策がすべて不発

「東京から一番遠い街」があるように、中央と隔絶された「陸の孤島」に人はやってこない。そのため、島根県には今も「陸の孤島」解消という悲願が根強く残っている。県内に空港が3つもあるように、何とかして交通の不便さを補おうとしてきた。竹下登が県内にさまざまな公共事業を持ち込んだのも、地元の脆弱な交通インフラを何とか是正したいという願望があったからだ。

その願いを叶えるため、島根県では山陰新幹線の招致に動き出している。２０１３年に鳥取市長が発起人となり「山陰縦貫・超高速鉄道整備推進市町村会議」が発足。これに石破茂議員も乗っかって、政府に呼びかけている。もし新幹線が走れば、出雲大社や石見銀山、はたまた鳥取砂丘といった山陰の名所へのアクセスは格段に向上する。観光客は増加するだろうし、県名を売り出すチャンスにもなる。北陸新幹線がほぼ全通して見事に活性化した石川県や富山県のように、そのインパクトは絶大だろう。

だが、国は目下のところリニア計画で手いっぱいだ。静岡県がゴネたせいで一大プロジェクトが頓挫しそうな状況にあり、担当する国交省は山陰のことなんて考えている余裕はない。もし山陰新幹線が実現するとすれば、ひとまずリニアが一段落してからになるだろう。完成までにいったい何十年かかるのか気の遠くなる話である。北陸新幹線だって、構想が打ち立てられたのは田中角栄の時代だったしね。頼みの綱だった鉄道オタクの石破は、自民党総裁選にあっけなく敗北したし、もはやコネによるウルトラＣも期待できない。高速道路すらドン詰まりの状態で新幹線を実現させるなんて、もはや夢物語である。

それまでに島根県は、迫りくる少子高齢化の荒波に耐えうるだろうか。答えはもちろん否である。もちろん計画を進めるのは悪いことではないが、その効果を待っていては、島根県は消滅しかねない。決して言い過ぎではなく、2045年には島根県の人口は52万人ほどになると見込まれている。52万人といえば、栃木県宇都宮市や兵庫県姫路市程度の規模。県というよりは、ちょっと大きな市町村レベルなのだ。そうなれば、税収は立ち行かなくなり、まさかの鳥取との合併も現実味を帯びてくる。悲願の山陰新幹線が開通しても、そこには誰もいないという皮肉な事態になりかねないのだ。

つまり、島根県は八方ふさがりなのだ。産業を振興しても人は来ず、観光の効果も限定的、交通インフラの整備も見通しが立たない。人口増加を目指すためのあらゆる策が行き詰ってしまっている。この暗いトンネルから抜け出すためには、何か別の観点からのアプローチが必要だ。そして、そのアプローチは待ったなしで行わなければならないだろう。うかうかしていると、島根県はいつの間にか〝島根市〟になってしまいかねない。

中山間地域は人口が少なく利用者がいないため、廃線が相次いだ。公共交通はいかにも貧弱で、他地域との交流もままならない

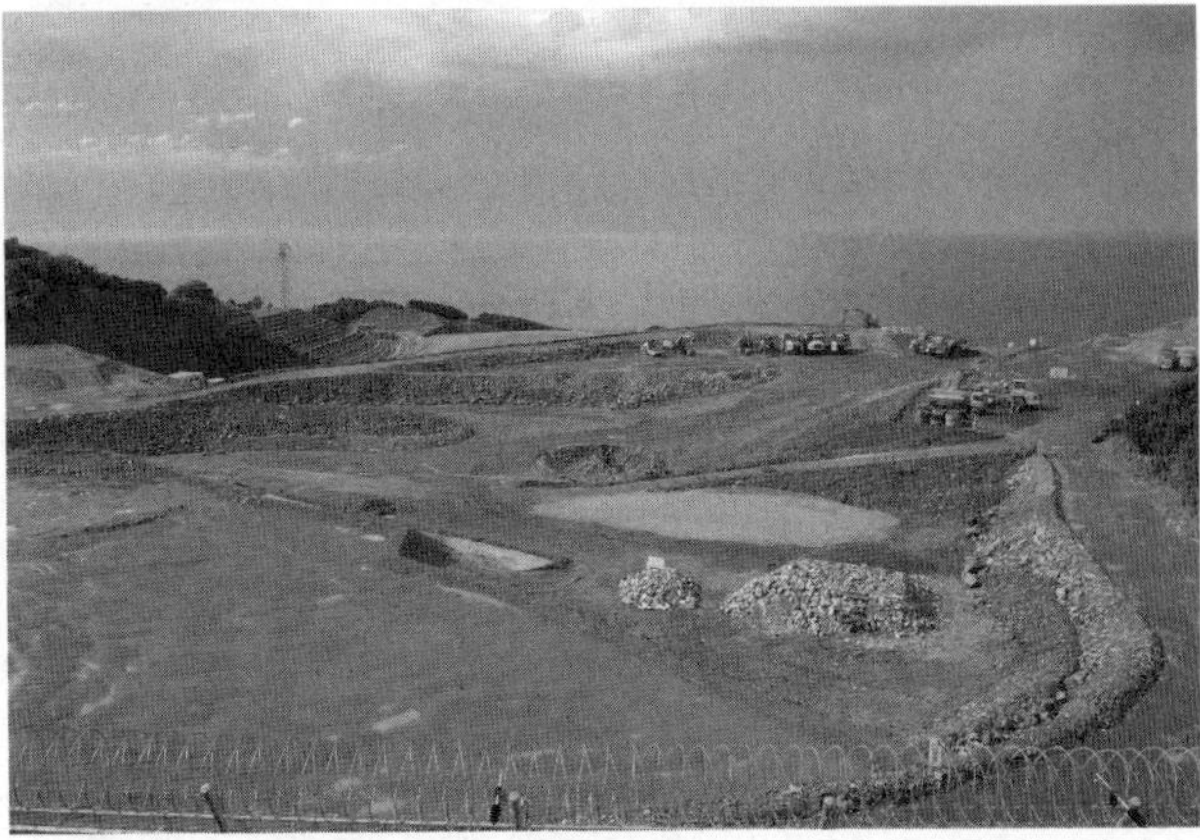

島根原発では大規模な工事が行われていた。今も公共事業に依存していた体質は完全に治りきってはいない

県内各地で進むICT化が少子高齢化社会を生き抜く希望

松江市で起こった新たなムーブメント

出雲市の平田本町で、なかなかおもしろいイベントが誕生した。それが「まちあそび人生ゲーム」だ。商店街にある各商店をマス目に見立てて、街中で「人生ゲーム」をやろうという企画で、2013年から始まり、毎年1000人以上が集まるイベントへと成長している。参加者の中心は地元民で、その約8割が小学生以下の子供を連れたファミリー層。一度も入ったことのない店舗にも足を運べるとあって、地元民と商店との交流が深まっているそうだ。このイベントは全国の地方にも拡大中で、東京の葛飾区や名古屋市西区などといった都市部にも波及している。全国的に知名度が高まれば、地元民だけでなく、近隣県からの客も見込めるようになるだろう。街を知ってもらういい機会にもなるし、対外的なPRにもつながるはずだ。

このように、島根県では各市町村レベルで、新たな視点による町おこしが行われている。本書でも、こうした取り組みを多々取り上げてきたが、そのなかでも改めて触れておきたいのが「島根県のICT化」だ。

松江市では、プログラミング言語「Ruby（以下ルビー）」を活用してIT企業の誘致に大成功を収めている。生みの親がたまたま松江市在住だったというタナボタから始まったとはいえ、ここ十数年で30社以上150人の雇用を生み出した実績は計り知れない。企業誘致だけでなく、人材育成にも余念がなく、小中学校でもプログラミングの授業を取り入れるなど、松江市は完全にIT化に向けて邁進している。

こうした動きは大田市にも広がっており、まだ松江市ほどではないにしても、着々と誘致に成功している。今はまだつぼみでも、うまく育てていけば、島根県がシリコンバレー化することだって夢じゃない。

じゃあ、今後こういった産業をどうやって育てていくべきか。他の都市の例をいくつか見てみよう。

札幌の失敗例と福岡の可能性

まず日本で最初にシリコンバレーの地位を獲得したのは北海道札幌市。90年代にサッポロバレーとも呼ばれ、当時の最先端企業が集積していた。そのなかでも特に目立っていたのが、今はなきハドソン。日本のパソコン創生期から多数のソフトを開発し、任天堂ファミリーコンピューターにおける最初のサードパーティとなり、『ボンバーマン』『桃太郎電鉄』など、数多くの名作ゲームを生み出してきた企業だ。ファミコン世代からしてみれば、伝説的な企業であり、聞き覚えのある人も少なくないだろう。ゲームソフトの開発にばかり目がいきがちだが、初期のOSを始め、基幹ソフトの開発にも力を発揮、果てにはNECと組んでPCエンジンというゲーム機も開発している。かのソフトバンクも、創業当時はハドソンと独占契約を結び、成長を遂げた。いわば日本のIT企業の礎になった企業といえるだろう。

ハドソンという先駆者がいたおかげで、札幌には大量の技術者や開発者が移住。ハドソンを退職して起業も進み、90年代には札幌テクノパークを中心に、札幌駅北口などに約２９５社も集積していた。その基盤となっていたハドソンがつぶれると、徐々にサッポロバレーは衰退。だが、今でもＩＴ企業は多いが、かつての勢いはなくなっている。

札幌と同じく、福岡市も伝統的なＩＴ都市だ。１９８０年代からＰＣソフト、ゲーム機用ソフトの開発会社が多数勃興し、一大勢力となった。『イナズマイレブン』シリーズなどで著名なレベルファイブは、過去福岡で著名だったリバーヒルソフトの流れを汲んでいるなど、今もその命脈は続いている。

２０１２年には、福岡市長が「スタートアップ都市・福岡」を宣言し、九州大学で起業家を育てる講座を設立。２０１７年には大学公認の部活動として「起業部」が立ち上がった。この起業部には一般社団法人が資金援助をする仕組であったり、企業から寄付金を集める「プロトタイプ開発資金」などの制度も充実している。つまり即戦力を育てるための土壌を整備したのだ。札幌の場合は、その礎となる人材育成をおもにハドソンが担っていた。そのため、潰れてしまったあとは人材の供給源が断たれてしまったのだ。それにひきかえ、福岡の場合は国立大学での人材育成などが「追加」されたため、供給源が断たれる確率は低下している。起業に加えて、既存企業とのマッチングなども進めば、IT都市としての伝統が潰えてしまうことはないだろう。

市町村単位の取り組みを県内全土へ広めるべし！

2つの例を比較してみると、松江市にもシリコンバレー化のチャンスはおおいにありそうだ。まず松江市を有名にした「ルビー」というプログラミング言語は、ファミコンよりも汎用性が高い。さまざまなアプリに使用できるので、自由な開発ができる。スマホが世界を席巻している今、アプリの需要は国内だけでなく海外にまで広がっている。LINEやTikTokのような画期的なアプリを開発すれば、松江の企業が世界を独占する可能性だってある。

また、人材育成という面でも、松江はすでに小中学校でプログラミングを導入しているとあって、かなり期待がもてる。さらに、松江市には島根大学という即戦力を育てるための機関がある。現在は同大の総合理工学部知能情報デザイン学科がＩＴ系にあたるが、これを福岡のように発展したかたちで、学生がより起業しやすい制度を設けられれば、さらに高度な人材供給を見込めるはずだ。札幌と福岡の例に学んで、今あるリソースをフル活用できれば、松江にだって十分勝機はある。企業誘致だけでなく、本格的に勝負に打って出るべきではないだろうか。

そして、松江市を成功に導いた暁には、これを主要都市に広げていけばいい。今は大田市で取り組みが始まったばかりだが、本来は島根大学のキャンパスがある浜田市の方が環境が整っている。浜田市は水産業ばかりに目がいっているようだが、そろそろ旧石見の中心地として本格的なまちづくりに乗り出すべきだ。というのも、島根県では「出雲偏重」がスゴすぎて、石見の存在感がまるでない。しかも、自立した経済をうたいながらも、実際にやってることがチグハグでほとんど効果が出ていない。これでは、石見がどんどん衰退していくばかりである。

そのためには県が橋渡し役になり、各市町村での取り組みをより県全体へと浸透させていく姿勢が必要だ。松江市のシリコンバレー化事業はその最たる例だが、美郷町のドローン化構想も、ほかの限界集落で導入していいと思う。もちろん、今はまだ試験段階だから、動向は注視しなければならないが、いち早く他の自治体にも呼びかけて、導入を考え始めてもいい。むしろ、ドローン化構想は、美郷町だけでなく、県が独自に取り組んでもいい事業だろう。

なぜこうまでしてICT化を勧めるかといえば、それらが少子高齢化対策にもなるからだ。IT企業で働く若者が増えれば、地元から出ていくこともなくなる。山間部に住む高齢者にドローンで物を届けられるようになれば、やたらと時間のかかる道路整備が不要になるし、コミュニティバスなどで財政を圧迫することもない。ICT化は地方を救う最良の手段になりえるのだ。そのモデルケースとして島根県がリードできれば、中央から人も企業も集まるようになるだろう。もう公共事業に頼らなくてもいいのだ。

本項では、おもにICT化をメインに取り上げたが、島根県の各市町村は独自の取り組みをして、それが成功に結びついている例がいっぱいある。この県民がもつパワーこそ、島根県の最大の強みなのだ。

松江市で行われているIT企業の誘致。こうした動きを県内全体で加速できれば、地域間格差や人口減少を解消する一手になりうる

美郷町は、超がつくほどのド田舎で高齢化も深刻。それゆえにドローンで物流網を築ければ、住民の利便性は格段に向上する

発想を転換して短所を長所に！
県民パワーで〝神国〟の復活だ!!

陸の孤島は短所じゃなく長所だ！

本章では、ここまで検証してきた各地域の課題や特色を総論として述べてきたが、最後に本書の総まとめとして島根県の強みと弱みを総点検し、進むべき未来について論じていきたい。

さて、島根県が抱える最大の悩みどころは「陸の孤島」だ。新幹線がなく、空港の発着本数も少ないため、中央との結びつきが弱く、他県との交流は限定的だ。そのうえ、出雲、石見、隠岐の旧3国を結ぶ公共交通は、基本的に山陰本線しかない。明治から昭和にかけて整備された鉄道網も次々と廃線となり、山間部は完全に分断された。道路も国道9号がメインで、山陰自動車道はブツ切れのまま。隠岐は言わずもがな離島だし、県民同士の交流さえままならない。そのため、人口は出雲地域に集中し、山間部ばかりの石見地域は完全に取り残されてしまった。人口減少策をどれだけとっても「陸の孤島」が巨大な壁となって、立ちふさがっている。実際、今回の取材ではサンライズ出雲を利用したけど、東京から12時間弱もかかる。途中で大雨でも降ろうもんなら、もはや1日がかりである。空路という手段もあったが、本数が少ないのと、料金の高さがネックとなった。おいそれと「そうだ、島根に行こう」なんて言えない厳しい現実があるのだ。

だが、島根は「陸の孤島」ゆえに、他県とは比べ物にならないほど昔ながらの文化が壊れることなく残っている。出雲大社のおひざ元である大社町では、常会と呼ばれる独特の自治組織がおさめていて、選挙などでは強固な団結力を誇り、数々の国会議員を送り込んできた。また、松江市では今でも日常的に抹茶を親しむ文化もある。「ちょっと茶でも」と休憩がてらに、渋い抹茶をすするのだ。これは江戸時代に松江藩を治めた松平不昧の影響なのだが、江戸時代の風習がまったく壊れることなく、一般生活に浸透している県なんてそうそうない。あの京都だって、帰ってほしいからぶぶ漬けを出す家なんてない。名家じゃあ今でも襲名が普通に行われていたりもする。まるで落語家か歌舞伎役者である。たいていの場合、こうした古い文化や風習は〝売り物〟になって、次第に大衆の手から離れていくのが一般的だが、島根県の場合は生活に浸透したまま、ほとんど変わることなく息づいている。

このように、約1500年に及ぶ歴史や文化を色濃く残しているのは、県民が歴史を愛していることと、外部から価値観を崩されることがなかったからだ。思えば、オオクニヌシだって、出雲に引きこもって、ヤマトの干渉から逃れてきた。こうした島根のオリジナリティは、「陸の孤島」ゆえに生み出されてきた。発想を逆転させてみると、「陸の孤島」は島根県の強みにもなるのだ。なかなか行けないから、観光においてはプレミアム感にもつながるし、連綿と受け継がれた島根らしさは、独特の魅力でもある。「陸の孤島」をデメリットではなく、メリットに変えてしまえばいいのだ。

もし仮に山陰新幹線などが開通して便利になってしまえば、すぐに行ける県となって、逆に存在感が薄れてしまいかねない。神秘的な国であり続けた方が、

「いつかは行ってみたい」と思わせる効果も生まれるはず。このままゴーイングマイウェイを貫いていてもいいのだ。

島根県民を広く捉え直して人材をフル活用すべし！

ただ、これまでのやり方で衰退を招いてきたのも事実。「保守」ばっかりではいずれ沈没しかねない。活用すべきは、前項にも触れた住民パワーである。島根県内では、他市町村とのつながりが薄いかわりに、各地域における住民同士の団結心はハンパじゃない。かつては「隠岐騒動」なんていう独立騒動もあったぐらいだし、地元ヤンキーたちのつながりも濃い。自治会運動も活発で、あちこちで地域を代表するリーダー的存在が地元をけん引している。

ただ、高齢化によって地元住民たちの体力は疲弊する一方で、何かアクションを起こそうにも、その元気がなくなりつつある。生涯現役とはいえ、さすがにお年寄りに重責を担わせるのは酷ってもんだ。

そこで、注目したいのが関係人口だ。これは、移住した「定住人口」でもなく、観光に来た「交流人口」でもない、地域や地域の人々と多様に関わる人々のことを指す。簡単に言ってしまえば、その地域の出身者で遠方に住んでいる人や、住んではいないけどその地域で働く人などだ。関係人口をうまく活用して、地元を活性化する取り組みは少しずつだが、始まりつつある。邑南町では、「おおなんＤＩＹ木の学校」を設立。これは、木材を用途によって使い分けるための知識を学び、伝統的な工具などを用いてＤＩＹを学ぶ学校だ。１泊２日で講座を受けることができ、民間資格の「ＤＩＹマイスター」を取得できたりもする。また、同町では三江線の廃線跡を活用してイベントを開催し、５０００人以上もの鉄道ファンを集めたりもしている。こうして地域住民との交流を経て、関係人口を増やすことで、地域の活性化を促していくことが狙いだ。

正直ありがちな事業なんだけど、関係人口を増やしていこうとする動き自体には効果があると思う。まだイベントや学校などの事業展開にとどまっているものの、もっと地元出身者などをうまく活用していきたい。Ｕターンはできなくても地域に貢献する方法はたくさんある。

たとえば、福井県鯖江市では、ＪＫ課を設置している。これは、女子高生にまちづくりのアイデアを出してもらい、さまざまなプロジェクトを考案してもらおうというもの。そのなかで目立って実績を挙げているのは「ゆるい移住」プロジェクトだ。これは、鯖江市の空き家を利用して、最大半年間、家賃無料で田舎暮らしを体験してもらおうというもの。このプロジェクトで、まずは関係人口を増やし、実際に移住者も増加したという。「ゆるい移住」をキッカケに福井県で結婚した人もいるぐらいだ。

実は、このプロジェクトの仕掛人になったのは、実業家でありプロデューサーの若新雄純で、鯖江市出身者なのだ。広くみれば、関係人口に含まれる人材である。このように、島根出身者で都会に出てしまった人材から、まったくちがった視点のアイデアが生まれたりもする。その逆もまたしかりで、松江市をはじめとして島根県がシリコンバレー化に成功したのなら、幼少期からプログラミングやIT技術を学んだ逸材をどんどん中央に送り込んでみたらどうだろう。そして、中央で成長した島根出身者の知識や経験を、今度は島根県に還元してもらうのだ。今のうちに中央の企業と結びつきを強化しておけば、そんな仕組みをいち早く作れるかもしれない。要するに、島根県民というものを広くとらえ直し、活性化につなげていくという考え方である。

強い地元民パワーを活用して最強の神国を取り戻せ！

まちづくりや活性化という観点において重要なのは、人口や産業ではなく、どうやって地域や街の魅力を引き出すかである。海士町は移住支援策などを打たなくても、街の魅力を最大限に引き出し、「何か楽しそうだ」と思わせることで移住者を増やしてきた。離島の不便さをデメリットではなく、メリットとして活用するという発想の転換である。隠岐で出会った移住者はこう語る。

「島の宝は海産物や歴史だけじゃないと思います。釣りすぎた魚や余った野菜はおすそ分けして、住民全体で共有するような温かいコミュニティです。ここに住んでいる人にこそ魅力があるのだと思います」

島根県民がまだ気づいていない最大の魅力。それは島根県民そのものではないかと筆者は思う。そして、人と人がつながり、一致団結することができれば、〝神国〟島根の復活も夢ではないだろう。

島根県最大の宝は、県民自身。陸の孤島だからこそ育まれた強力な団結心を活かすためにも新たなアイデアを生み出したい

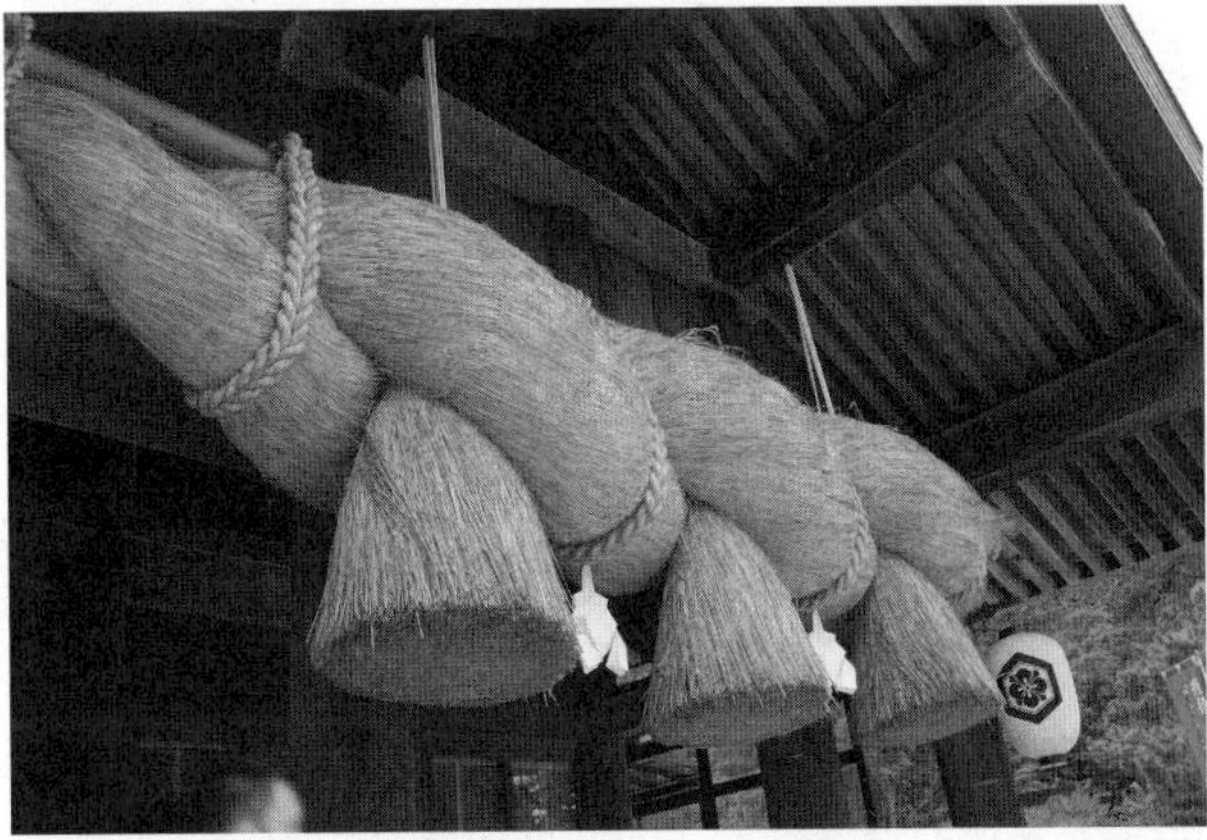

大和王権以前には日本最大だったとされる出雲国をもう一度取り戻すため、各地域で起こる取り組みをさらに加速させるべし！

あとがき

学生時代、プライベートで日本全国を軽自動車で巡ったことがある。全県制覇するような強い目的があったわけではなく、道路標識で気になったところに立ち寄るだけの気ままな旅だった。目的は鹿児島にある屋久島で、1カ月ほどかけて東北地方からぐるりと日本を回ったのだが、当時はまだ若かったし、それほど地理に明るいわけではなかったので、山陰地方をスルーするという大失態（?）を犯してしまった。というのも、当時はまだ出雲大社も注目されていなかったし、石見銀山も世界遺産に認定される前だった。要するに島根県に何があるかまったく知らなかったのだ。こんなに遠くて、なかなか行くチャンスがないと知っていれば、あの頃に立ち寄っていたはずだ。

初めて降り立った島根県は神秘の国というよりは、辺ぴな国という印象だった。県下最大の駅であるはずの松江駅が、かなりショボかったからだ。最初に降りたのが南口というのもマズかった。正直、県庁所在地の駅とは思えないほど何もなくて、関東で生まれ育った筆者からしてみれば、完全に片田舎の駅にしか見えなかったのだ。北口や松江城周辺を散策して、その印象はガラリと変わったけどね。

松江市を後にした筆者は、出雲市をすっ飛ばして、西の果てにある益田市に向かった。まずは石見から制覇して、日を追って東に上っていくルートをとったからだ。来る日も来る日も、風景が変わらない国道9号と山陰自動車道に乗り、山間部では車酔いするほどのクネクネロードに見舞われながらの弾丸取材。夜は各地域で飲食店に立ち寄り、地場の名物をいただきつつ、迎えた最終日。向かうは隠岐の島だった。コロナ禍にあって、編集部では事前に観光協会に確認をとり、万全の感染対策をしてフェリーに乗り込んだ。隠岐の島は、おもにレンタサイクルで巡ったのだが、かなり起伏が激しく、これがなかなかの重労働だった。わずか5時間ほどの滞在だったが、出会いにも恵まれ、さまざまな話を聞かせてもらった。思えば、この旅では短いながらも、各地で接した県民の皆さんに本当によくしてもらった。千葉県出身といってもイヤな顔ひとつせず、いろんなことを教えてくれた県民の皆さんに、この場を借りて感謝の意を述べさせていただきたい。

参考文献

・藤岡大拙
『出雲人〜新装版〜』
ハーベスト出版　２０１０年
『出雲弁談義』ハーベスト出版　２００８年
『月山富田城尼子物語 尼子ハンドブック』
ハーベスト出版　１９９６年
・保母武彦／監修　しまね地域自治研究所／編
『どうする地域間「不平等」社会　―島根発
地方再生への提言』自治体研究社　２００７年
・関満博／編
『地方圏の産業振興と中山間地域
希望の島根モデル・総合研究』
新評論　２００７年
・江津市文化財研究会
『石見湾　第26号　特集
江津市の町並み』
江津市文化財研究会　２０１２年
・三原浩良
『古志原から松江へ』今井書店　２０１０年
・大橋泰夫
『出雲国誕生』吉川弘文館　２０１６年
・佐伯徳哉
『出雲の中世　地域と国家のはざま』
吉川弘文館　２０１７年
・平凡社
『鳥取県の地名』鳥取県の地名　１９９５年
・石見銀山歴史文献調査団
『石見銀山』思文閣出版　２００２年

・石塚尊俊
『出雲国神社史の研究』
岩田書院　２０００年
・出川卓、出川通
『島根の逆襲』言視舎　２０１６年
・松本健一
『隠岐島コミューン伝説』
勁草書房　２００７年
・「日本の食生活全集　島根」編集委員会
『日本の食生活全集32
聞き書　島根の食事』
農村文化協会　１９９１年
・島根県小・中学校国語教育研究会
『島根のむかし話』日本標準　１９７６年
・勝手に島根応援会
『島根自虐伝』パルコ出版　２０１５年

【サイト】
・島根県
https://www.pref.shimane.lg.jp/
・松江市
http://www.city.matsue.shimane.jp/
・浜田市
http://www.city.hamada.shimane.jp/
・出雲市
http://www.city.izumo.shimane.jp/
・益田市
https://www.city.masuda.lg.jp/

・大田市
https://www.city.ohda.lg.jp/
・安来市
https://www.city.yasugi.shimane.jp/
・江津市
https://www.city.gotsu.lg.jp/
・雲南市
http://www.city.unnan.shimane.jp/unnan/
・奥出雲町
https://www.town.okuizumo.shimane.jp/
・飯南町
http://www.iinan.jp/
・川本町
http://www.town.shimane-kawamoto.lg.jp/
・美郷町
http://www.town.shimane-misato.lg.jp/
・邑南町
https://www.town.ohnan.lg.jp/www/index.html
・津和野町
http://www.town.tsuwano.lg.jp/
・吉賀町
https://www.town.yoshika.lg.jp/
・海士町
http://www.town.ama.shimane.jp/
・西ノ島町
http://www.town.nishinoshima.shimane.jp/

・知夫村
http://www.vill.chibu.lg.jp/gyosei/
・隠岐の島町
https://www.town.okinoshima.shimane.jp/www/index.html
・島根県警
https://www.pref.shimane.lg.jp/police/
・内閣府
https://www.cao.go.jp/
・総務省
https://www.soumu.go.jp/
・国土交通省
https://www.mlit.go.jp/
・厚生労働省
https://www.mhlw.go.jp/index.html
・ＪＲ西日本
https://www.westjr.co.jp/
・一畑電車
https://www.ichibata.co.jp/railway/
・一畑バス
http://www.ichibata.co.jp/bus/
・松江市交通局
https://matsue-bus.jp/
・石見交通
http://www.iwamigroup.jp/

・奥出雲交通
https://okuizumo.org/jp/guide/detail/1421/
・スサノオ観光
http://www.susanoo.co.jp/
・日ノ丸自動車
http://www.hinomarubus.co.jp/
・Ｙａｈｏｏ！路線
http://transit.yahoo.co.jp/
・Ｙａｈｏｏ！電話帳
http://phonebook.yahoo.co.jp/
・スーモ
http://suumo.jp/
・ホームズ
http://www.homes.co.jp/
・ＣＨＩＮＴＡＩ
http://www.chintai.net/
・山陰中央新報
https://www.sanin-chuo.co.jp/
・島根日日新聞
http://www.shimanenichinichi.co.jp/
・日本海新聞
https://www.nnn.co.jp/
・共同通信社
http://www.47news.jp/news/
・朝日新聞
http://www.asahi.com/
・読売新聞
http://www.yomiuri.co.jp/

・毎日新聞
http://mainichi.jp/
・産経新聞
http://www.sankei.com/
・日本経済新聞
http://www.nikkei.com/
・東京新聞
http://www.tokyo-np.co.jp

※同一ドメイン内の関連、派生組織アドレスなどは省略した

●編者
鈴木ユータ
1982年、千葉県生まれ。全国各地を巡る実地取材系ライター。最近では雑居ビルマニアなんて呼ばれたりもしている。人生初の山陰上陸に心を躍らせていたが、サンライズ出雲の移動で到着時にはすでにヘトヘト。松江城天守に向かうまでの階段、徒歩でしか行けない石見銀山、出雲大社の参道、隠岐の島の坂道……思い返せば、汗だくになった記憶ばかり。でも、そのどれもが思い出深くて、童心に返って楽しませてもらいました。ところで、板わかめがめっちゃしょっぱかったんだけど、あれってスタンダード?

鈴木士郎
1975年、東京都生まれ。編集者・ライター。出版社、編集プロダクションを経てフリー。地域批評シリーズには創刊時から参加している。島根県の取材は主に松江を中心に県東部エリアを担当。しかし、主な撮影ポイントは黄泉比良坂やら熊野大社やらと神域ばかりで異常に緊張した。京町商店街のオシャレ具合にはビビらなかったが、よく見るとかなりシブいマニア向けの店が結構あるのを発見し、松江の文化レベルの高さに再度ビビる。あとシジミラーメンね。かなり気に入りました。

地域批評シリーズ54　これでいいのか 島根県
2020年10月17日　第1版　第1刷発行

編　者　鈴木ユータ
　　　　鈴木士郎
発行人　武内静夫
発行所　株式会社マイクロマガジン社
　　　　〒104-0041　東京都中央区新富1-3-7 ヨドコウビル
　　　　TEL 03-3206-1641　FAX 03-3551-1208（販売営業部）
　　　　TEL 03-3551-9564　FAX 03-3551-0353（編　集　部）
　　　　http://micromagazine.net/
編　集　岡野信彦／清水龍一
装　丁　板東典子
イラスト　田川秀樹
協　力　株式会社エヌスリーオー／髙田泰治
印　刷　図書印刷株式会社
※本書の内容は2020年8月31日現在の状況で制作したものです。
※本書の取材は新型コロナウイルスによる緊急事態宣言の発令前と、移動自粛要請が緩和された後に行っています。

2020 Printed in Japan　ISBN　978-4-86716-065-7　C0195